Werner Adelmaier
Michael Wandl

Geschichten erzählen 2 bis 4

So leb(t)en Menschen mit dem Recht

öbv & hpt, Wien
www.oebvhpt.at

In Verlagsgemeinschaft mit:
Ed. Hölzel, Wien
Verlag Jugend & Volk, Wien
www.e-LISA.at

Mit Bescheid des Bundesministeriums für Bildung, Wissenschaft und Kultur vom 2. Juli 2001, GZ 43.314/1-III/D/13/01 gemäß § 14 Abs. 2 und 5 des Schulunterrichtsgesetzes, BGBl. Nr. 472/86, und gemäß den Lehrplänen 1999 als für den Unterrichtsgebrauch an Hauptschulen und an allgemeinbildenden höheren Schulen für die 2. bis 4. Klasse im Unterrichtsgegenstand Geschichte und Sozialkunde geeignet erklärt.

Dieses Werk wurde auf der Grundlage eines zielorientierten Lehrplans verfasst. Konkretisierung, Gewichtung und Umsetzung der Inhalte erfolgen durch die Lehrerinnen und Lehrer.

Bildung und Ausbildung kosten Geld: die Familie und die Gesellschaft. Die Schülerinnen und Schüler erhalten die Schulbücher von der Republik Österreich aus den Mitteln des Familienlastenausgleichsfonds. Bücher helfen nicht nur beim Lernen, sondern sind auch Freunde fürs Leben.

⚠ **Kopierverbot**

Wir weisen darauf hin, dass das Kopieren zum Schulgebrauch aus diesem Buch verboten ist – § 42 Absatz (3) der Urheberrechtsgesetznovelle 1966: »Die Befugnis zur Vervielfältigung zum eigenen Schulgebrauch gilt nicht für Werke, die ihrer Beschaffenheit und Bezeichnung nach zum Schul- oder Unterrichtsgebrauch bestimmt sind.«

SchBNr. **105265**

Geschichten erzählen 2 bis 4: Recht

öbv & hpt, Wien

1. Auflage 2002

Schulbuchvergütung/Bildrechte © VBK/Wien

Lektorat: Dr. Ingrid Bernscher
Umschlag: Gerhard Kuebel, Graz

1. Auflage 2002 (1,00)
© öbv & hpt Verlagsgesellschaft mbH & Co. KG, Wien 2002
Hersteller: MANZ CROSSMEDIA, 1051 Wien
Printed in Austria
ISBN 3-209-**03524**-5 (öbv & hpt)
ISBN 3-12-**290019**-X (Klett)

Inhalt

Menschenrechte 3
Entwicklung der Menschenrechte (Längsschnitt) 4

Frühe Hochkulturen/Antike
Steuerbetrug in einem Dorf am Nil 6
Nach dem Gesetz des Hammurabi 10
Scherbengericht und Sieg der Demokratie 13
Das Erbe Senator Samptorius' 16

Mittelalter
Nachbarstreit in der Dorfgemeinschaft 19
Ein Mann wird verurteilt 22
Ein Gottesurteil 25

Neuzeit
Das haltet ihr nicht aus! 28
Eine Stimme gegen den Hexenwahn 32
„O Gott, es sind Teufel!" 35
Zwei Worte verbreiteten die Trommeln: Folter und Tod 37

Neueste Zeit
Ein Mann sucht die Freiheit 40
Der Kaiser als Bauer 45
Ihr habt drei Wochen Zeit! 46
Kindermarkt 49
Ideen können nicht erschossen werden 53
Wir streiken! 58

Zeitgeschichte
Ein Spinnrad zwingt ein Weltreich in die Knie 62
Der Ball 66
Die wichtigsten Rechte der Kinder (Sachinformation) 69
Die Menschenrechte – zugesichert und doch auch heute immer wieder in Gefahr! (Sachinformation) 70
Leons Geschichte 72
Zwei Rupien am Tag 74
Ali aus Kurdistan 76

Lesetipps 78
Verwendete Literatur 79
Bildnachweis 80

Menschenrechte

KANN WILL

VERLETZEN

eine gewaltsame Auseinandersetzung mit einem Mitschüler führen

eine gewaltsame Auseinandersetzung in eine Gruppe hineintragen

eine Gruppe gegen die andere zur gewaltsamen Auseinandersetzung anstiften

Schwächere mit Körpergewalt unterdrücken – Schwächere unter psychischen Druck setzen

...

VERTEIDIGEN

einen Streit schlichten helfen

anderen gegenüber tolerant sein und Verständnis zeigen

für die Rechte der Mitmenschen eintreten und mich dafür engagieren

in einer Menschenrechtsorganisation (ai) aktiv mitarbeiten

...

Entwicklung der Menschenrechte

1776

USA – *Unabhängigkeitserklärung*

> Ⓠ Alle Menschen sind gleich geschaffen.
> (Gekürzt.)

Einer der vier Abschnitte der Unabhängigkeitserklärung, der Abschnitt 2, bezieht sich auf den fortschrittlichen Gedanken der Aufklärung: Er verkündet als „selbstverständliche Wahrheit" erstmals offiziell die **Menschenrechte.**

1789

FRANKREICH – *Erklärung der Menschen- und Bürgerrechte*

> Ⓠ
> 1. *Die Menschen werden frei und gleich an Rechten geboren und bleiben es. Die gesellschaftlichen Unterschiede können nur auf dem allgemeinen Nutzen begründet werden.*
> 3. *Der Ursprung jeder Herrschaft liegt wesensmäßig beim Volke.*
> 7. *Niemand darf außer in den durch das Gesetz bestimmten Fällen angeklagt, verhaftet oder gefangen gehalten werden.*
> 11. *Die freie Mitteilung der Gedanken und Ansichten ist eines der kostbarsten Menschenrechte.*
> (Gekürzt.)

1867

ÖSTERREICH – *Staatsgrundgesetz*

> Ⓠ Vor dem Gesetz sind alle Staatsbürger gleich. Die Freiheit der Person ist gewährleistet.
> (Gekürzt.)

Die Erklärung der Menschenrechte im Zuge der Französischen Revolution

Demonstration gegen Rassendiskriminierung in Paris

(Längsschnitt)

„Die Würde des Menschen ist unantastbar. Sie ist zu achten und zu schützen."
Mit diesen Worten beginnt der Text einer Grundrechtscharta für 370 Millionen Bürger der EU. (Dezember 2000)

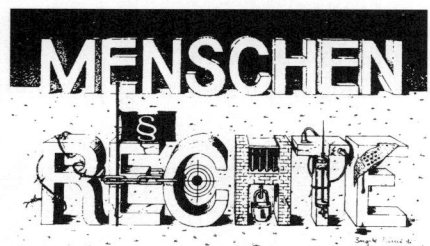

Plakat der Menschenrechtsorganisation amnesty international

Der jahrhundertelange Kampf um die Menschenrechte war auch ein Kampf um deine Rechte!

Zum Schutz der Menschenrechte sind zwei internationale europäische Einrichtungen geschaffen worden: die Europäische Kommission für Menschenrechte und der Europäische Gerichtshof für Menschenrechte.

Die Menschenrechte – Grundpfeiler der Demokratie

Die Menschenrechte sind dem Menschen – unabhängig von Rasse, Klasse, Religion und Geschlecht – unverzichtbar gegeben, sie stehen ihm kraft seiner Persönlichkeit zu. Der moderne Staat hat dafür zu sorgen, dass jeder Mensch seine Rechte erhält. Eine demokratische Lebens- und Staatsordnung kann nur auf der Grundlage der Menschenrechte bestehen.

heute

1948

UNO – *Allgemeine Erklärung der Menschenrechte*

Q

1 Alle Menschen werden frei und gleich an Würde und Rechten geboren.
2 Alle Menschen ohne Unterschied, insbesondere ohne Rücksicht auf Rasse, Farbe, Geschlecht, Sprache, Religion, politische oder sonstige Überzeugung, nationale oder soziale Herkunft, Vermögen, Geburt oder andere Umstände, können alle in dieser Erklärung niedergelegten Rechte und Freiheiten für sich in Anspruch nehmen.
7 Alle Menschen sind vor dem Gesetz gleich und haben ohne Unterschied ein Recht auf gleichen Schutz des Gesetzes.
9 Niemand darf willkürlich festgenommen, verhaftet oder ausgewiesen werden.
18 Jeder hat das Recht auf Gedanken-, Gewissens- und Religionsfreiheit; dieses Recht enthält die Freiheit, die Religion oder den Glauben allein oder in Gemeinschaft mit anderen sowie öffentlich oder privat durch Lehre, Ausübung, Gottesdienst und Erfüllung religiöser Vorschriften zu bekennen.
(Gekürzt.)

Steuerbetrug in einem Dorf am Nil

Um 3000 v. Chr. entstanden in den großen Stromtälern Afrikas und Asiens die ersten Reiche. Sie werden als frühe Hochkulturen bezeichnet.
In Ägypten gehörte alles Land und die Menschen, sowie die Ernte und das Vieh dem Pharao. Er war Herr über Leben und Tod, seine Befehle waren wie Gesetze und er genoss göttliche Verehrung. Daher galt Ungehorsam gegen ihn und seine Gebote als besonders schweres Vergehen.
Die folgende Geschichte erzählt von einem Ereignis in einem ägyptischen Dorf um ca. 2700 v. Chr.

„Das kann nicht sein!" Ungewöhnlich erregt bestreitet der Dorfälteste die Behauptung der drei Beamten. Aber der fremde Oberaufseher wiederholt es nochmals: „Ihr habt im Dorf einen Bauern, der die Steuerbehörde betrügen will. Wir können es beweisen!"
Der Älteste ist völlig fassungslos, ein Betrüger in seinem Dorf? Einer, der dem Pharao nicht die geforderten Steuern zahlen will? Wenn das nur nicht Unheil über das Dorf heraufbeschwören wird!
„Ich werde euch selbstverständlich helfen, den Betrüger zu finden. Diese Schmach soll nicht auf unserem Dorf sitzen bleiben. Die Götter sollen mit uns zufrieden sein..." Der Älteste will noch weiter reden, aber die drei Beamten winken ab. Sie kennen diese Entschuldigungen aus zahlreichen anderen Dörfern seit vielen Jahren. Aber sie haben auch genug Erfahrung, um solchen Steuersündern hinter ihre Schliche zu kommen. Bisher haben sie noch stets den Schuldigen gefunden. Einmal war es sogar der Dorfälteste selbst.
Die Beamten beherrschen ihre Aufgabe: „Seid sicher, wir werden alles genau aufklären. Zunächst vergleichen wir die Liste der Bauern, die bei der letzten Viehzählung vor zwei Jahren im Dorf gelebt haben, mit der heutigen Anzahl."
Gesagt, getan, aber der Vergleich bringt keine Veränderung zu Tage. Die Anzahl der Bauernfamilien im Dorf ist über die letzten zwei Jahre gleich geblieben.
„Wir haben bei den Bauern eures Dorfes, wie ihr wisst, das Vieh gezählt, das sie neben ihren Häusern halten. Alle Rinder, Esel, Schafe, Ziegen und Schweine wurden gesondert aufgelistet. Dann haben wir notiert, wie viele Tiere jeder noch in der gemeinsamen Herde des Dorfes hat. Euch ist ja bekannt, dass die Höhe der Steuern für die einzelnen Bauern auch nach der Menge ihres Viehs berechnet wird."
„Dann ist gewiss alles klar?" Der Dorfälteste schöpft Hoffnung, dass der Vorwurf des Steuerbetrugs doch

noch von seinem Dorf abgewendet werden kann.

„Als gewissenhafte Steuerbeamte im Dienste des Erhabenen Pharao haben wir uns aber diesmal nicht mit den Angaben der einzelnen Bauern zufrieden gegeben sondern auch die gemeinsamen Herden des Dorfes überprüft. Und siehe da, die Herden der Ziegen und Schafe hatten mehr Tiere, als sie nach den Angaben der einzelnen Bauern haben durften. Acht Ziegen und sechs Schafe lagen über der Summe, die sich aus den Zahlen der Bauern ergeben hatten."

Der Triumph über dieses Ermittlungsergebnis war in den Worten des Beamten deutlich zu hören.

Einer der jüngeren Beamten erklärt dem Dorfältesten anschließend weitschweifig, wie sie die Hirten geschickt befragt und so erfahren haben, welcher Bauer den Steuerbeamten gegenüber falsche Angaben gemacht hatte.

Der Dorfälteste stutzt, als er den Namen des beschuldigten Bauern hört. Hatte er doch schon längere Zeit den Verdacht, dass Anun, so heißt der verdächtige Bauer, sich auch Vorteile innerhalb des Dorfes erschleichen wollte. Trotzdem trifft es ihn hart, dass ein Bauer seines Dorfes der Steuerschuld überführt worden ist.

„Ihr als Dorfälteste sorgt dafür, dass Anun das Dorf nicht verlässt. Ihr erhaltet dann demnächst die Mitteilung, wie hoch die Steuerstrafe für Anun ist. Ich brauche euch wohl auch nicht daran zu erinnern, dass das ganze Dorf dafür einstehen muss, falls Anun die Strafe nicht sofort zahlen kann: Und, ihr wisst, dass Anun gegen die Strafe vor Gericht mit eurer Hilfe Einspruch erheben kann."

Mit diesen Worten verlässt der Obersteuerbeamte das Haus des Dorfältesten und macht sich mit seinen beiden Begleitern auf den Weg in das Nachbardorf.

Viehzählung in einem ägyptischen Dorf

Die nächste Versammlung der Bauern lässt nicht lange auf sich warten. Kaum dass sie sich alle auf den Sitzkissen aus Papyrus in dem Haus des Ältesten niedergelassen haben, berichtet dieser mit unüberhörbarem Groll in der Stimme über den letzten Besuch der Steuerbeamten. Seine Worte machen sie sehr betroffen, keiner möchte es sich mit den Göttern verderben, in deren Auftrag ja die Steuerbeamten handeln. Es ist auch sehr peinlich, wenn die anderen Dörfer davon erfahren.

Tief zerknirscht gibt sich auch Anun und verspricht, Steuern und Strafe rasch zu zahlen.

Der Älteste jedoch ist sehr erstaunt, als er hört, dass Anun sogleich alle Schulden und Strafen selbst bezahlen will. Warum hat er denn, wenn er so reich ist, diesen Betrug am Pharao überhaupt begangen und das Dorf in diese missliche Lage gebracht? Der Älteste schweigt jedoch dazu in der Versammlung. Was soll er auch gegen Anun vorbringen? Das ganze Dorf ist froh, dass das Problem gelöst worden ist. Außerdem spendiert Anun gerade eine Runde selbst gebrauten Bieres. „Zur Beruhigung der Gemüter", wie er sagt.

Der Dorfälteste hat sich vorgenommen, seine Gemeinschaft jetzt doch etwas genauer zu beobachten.

Mit den Hirten fängt er an: „Es war richtig, dass ihr den Steuerbeamten wahrheitsgemäße Antworten gegeben habt. Ohne eure genaue Aussage wäre der Betrug vielleicht nicht so schnell aufgedeckt worden. Sorgt auch in Zukunft dafür, dass ihr stets

Ägyptische Hirten bei der Arbeit

einen Überblick habt, wie viele Tiere euch von den einzelnen Bauern anvertraut werden."

Die Hirten sind zufrieden. Der Vormann der Hirten zeigt dem Dorfältesten voller Stolz einen Hirtenstab. In ihn hat er die Anzahl der Schafe für jeden Bauern gesondert eingekerbt. Auch der Hirte der Ziegenherde hat solche Kerben in seinem Stab. „Wenn ein Tier abhanden kommt, wird auf die alte Kerbe noch eine quer geschnitten." Nur so konnten die Hirten wohl ohne Mühe die Fragen der Steuerbeamten beantworten. „Außerdem umgehen wir auf diese Weise Streit mit den Bauern, wenn wir die Tiere später wieder an die einzelnen Bauern zurückgeben", erläutert der Vormann der Hirten dem Dorfältesten ihre Stockkerbungen.

Der Älteste will sich schon verabschieden, als der Vormann ihn bittet, bewaffnete Bauern für einen Tag zu den Herden hinauszuschicken.

„In den Teichen und Tümpeln, die vom letzten Hochwasser übrig geblieben sind, leben in diesem Jahr sehr viele Krokodile. Wenn unsere Tiere mittags zur Tränke müssen, sind sie dort ihres Lebens nicht sicher. Auch wir selbst fürchten uns schon. Hungrig und gierig lauern die Reptilien in den immer kleiner werdenden Wasserlöchern. Selbst die ältesten Beschwörungsformeln, die wir gegen diese Räuber kennen, helfen nicht mehr. Unsere Waffen sind zwar gut, aber wir können nicht an allen Stellen zugleich sein, wenn die Schafe und Ziegen durstig in die Tränke steigen."

Der Älteste verspricht, einige Bewaffnete hinauszuschicken, um den Hirten zu helfen.

Erschöpft von der Arbeit des Tages, sinken die Bauern abends auf ihre Matten aus Papyrus oder Schilf. Es bleibt kaum noch Zeit für das selbst gebraute Bier.

Trotzdem glaubt der Älteste immer öfter abends Streit im Dorf zu hören. Sobald er sich aber dazugesellt, verstummen die Reden. Er sieht nur die verzweifelten und bösen Blicke einiger Bauern, die ausschließlich Anun gelten.

Tage später wird der Älteste alarmiert.

„Im Tümpel liegt Bauer Anun, von Krokodilen zerrissen", schreien die Kinder, die ihn entdeckt haben.

„Haben die Götter in Gestalt der heiligen Krokodile vollbracht, was nicht in unserer Macht lag?", fragt sich leise der Dorfälteste. „Haben sie den Frieden im Dorf auf diese Weise wiederhergestellt?"

- *Benenne die Vor- und Nachteile einer Staatsform, in der die Gesetzgebung nur von einer Person ausgeht.*
- *Liste die handelnden Personen der Geschichte auf und beschreibe ihr Abhängigkeitsverhältnis bezüglich der Rechtsprechung.*
- *Versuche Unterschiede zwischen der ägyptischen Gesellschaft und der Gesellschaft eines modernen Staats herauszufinden. Denke dabei an: Rangordnung, Überwachung der Einhaltung der Gesetze, Rechtsprechung usw.*

Nach dem Gesetz des Hammurabi

Der babylonische König Hammurabi (1792–1750 v. Chr. / Mittlere Chronologie) fasste das in verschiedenen Landesteilen angewandte Gewohnheitsrecht zusammen, um eine einheitliche Rechtsprechung zu schaffen. Hammurabi ließ einen großen Stein aufstellen, in den die Rechtsvorschriften eingemeißelt wurden.
Das einheitliche Recht, das für Freie wie für Sklaven galt, sollte allgemein bekannt sein. Viele Gesetze sind nach heutiger Meinung sehr grausam.

„Ich bin Hammurabi, der Berufene Enlils (der Götterkönig). Ich soll den Ruchlosen und Bösen vernichten und vom Starken den Schwachen nicht entrechten lassen."
„§ 22. Wenn ein Mensch Raub begangen hat und ergriffen wird, so wird dieser Mensch getötet."
„§ 97. Wenn ein Mensch den Knochen eines Bürgers zerbricht, so zerbricht man seinen Knochen."
„§ 197. Wenn er das Auge eines Knechts eines Bürgers zerstört oder den Knochen eines Knechts eines Bürgers bricht, so zahlt er die Hälfte von dessen Kaufpreis."

Hammurabi empfängt die Gesetze vom Sonnengott Schamasch 1750 v. Chr.
Gesetzesstele. Seit 1902 im Louvre/Paris

Das oberste Viertel des schwarzen Steines zeigt die Szene: Da steht König Hammurabi ehrerbietig vor dem Sonnengott Schamasch, der dem König einen Stab überreicht; Schamasch, der Beschützer des Rechts, der Gott, der alles sieht, übergibt dem König die richterliche Gewalt. Schriftlich fixierte Gesetze hatte es schon lange vor Hammurabi gegeben, denn wie die zahlreichen Keilschriftdokumente beweisen, brachten die Sumerer schriftlich fixierten Bestimmungen große Wertschätzung entgegen: Nur was aufgeschrieben war, war auch gültig! So erließ bereits in der Mitte des 3. Jahrtausends v. Chr. König Urukagina von *Lagasch* ein Dekret, das als das älteste überlieferte Gesetzbuch der Welt gilt.

———— * ————

Dem Mann, der vorsichtig über den Rand der dicken Mauer spähte, hinter der er sich verbarg, fiel ein Stein vom Herzen. Sie würden ihn nicht mehr suchen, er hatte es geschafft! Seine Verfolger standen auf der Straße und berieten sich. Wenn sie wüssten, wie nah er ihnen war!
„Der Räuber ist uns entkommen, es hat keinen Sinn, völlig ziellos hinter ihm herzujagen", hatte der Gemeindevorsteher dem Kläger gerade verkündet. „Du hast vor Schamasch geschworen, dass dir zwei Silberbarren geraubt worden sind. Die Gemeinde wird dir das gestohlene Gut erstatten, so bestimmt es Hammurabis Gesetz."
Der Mann hinter der Mauer triumphierte. Die zwei Barren waren sein, und er hatte nichts mehr zu befürchten. Als sie ihm auf den Fersen gewesen, als die Steine geflogen waren, da hatte er entsetzliche Angst gehabt. Mit letzter Kraft hatte er seinen Verfolgern einen Vorsprung abgewonnen, bis er hier erste Zuflucht gefunden hatte, hier in der Höhle des Löwen. Hier würden sie ihn wohl am wenigsten suchen. Er war immer noch völlig erschöpft, aber das rasende Pochen seines Herzens hatte schon nachgelassen, und das Stechen in seinen Lungen hörte allmählich auf.

Er war nicht mehr so schnell wie früher, und auch sonst war das Risiko viel größer geworden.

Seitdem Hammurabi den gewaltigen schwarzen Stein vor dem *Enlil*-Tempel hatte aufstellen lassen, den Stein, in den die geltenden Gesetze eingehauen waren, wurden alle Vergehen unnachsichtig verfolgt und mit größter Härte bestraft.

Auch vorher schon galt der Raub als schweres Verbrechen; doch jeder kümmerte sich nur um das, was ihn selbst anging, niemand erhob öffentlich Anklage, da war es viel leichter, zu entwischen.

Das hatte sich mit dem neuen Gesetz geändert. Die Gemeinde kam nun für den Schaden auf, der durch einen Raub entstand, wenn der Räuber nicht gefangen wurde. Jeder musste also zahlen, und deshalb war auch jeder darauf erpicht, den Übeltäter zu fassen.

Doch jetzt hatte der Mann hinter der Mauer mit eigenen Ohren gehört, was der Gemeindevorsteher entschieden hatte: keine Gefahr mehr! Warum verschwanden sie nicht endlich, seine Jäger? Was wollten sie noch auf der Straße? Wann konnte er endlich hervorkommen und sich davonschleichen? Er wollte hier nicht bis zum Einbruch der Dunkelheit hocken!

Der Tag war heiß, die schwüle, feuchte Hitze hatte sich über ihn gelegt. Der Schweiß juckte und brannte auf der Haut, aber das konnte er aushalten, und ab und zu verschaffte er sich Linderung, indem er sich mit der flachen Hand übers Gesicht fuhr. Aber die Moskitos, die verdammten Moskitos!

Direkt hinter ihm lag ein kleiner Seitenarm des Euphrat, in dem das Wasser fast stand, und dort schien eine Brutstätte seiner Peiniger zu sein, die in Schwaden über ihn herfielen.

„Haut ab, geht heim, es hat keinen Zweck mehr, ihr erwischt den Räuber nicht mehr, euer Vorsteher hat es euch gesagt, geht endlich!", flehte der Mann im Stillen.

„Geht, oder ich werde von diesen Blutsaugern bei lebendigem Leib gefressen!"

Lagasch
Sumerische Stadt im südlichen Mesopotamien, heute Tello
Stele
Inschriftstein
Enlil
Oberster Gott

Mesopotamien um 1790 v. Chr.

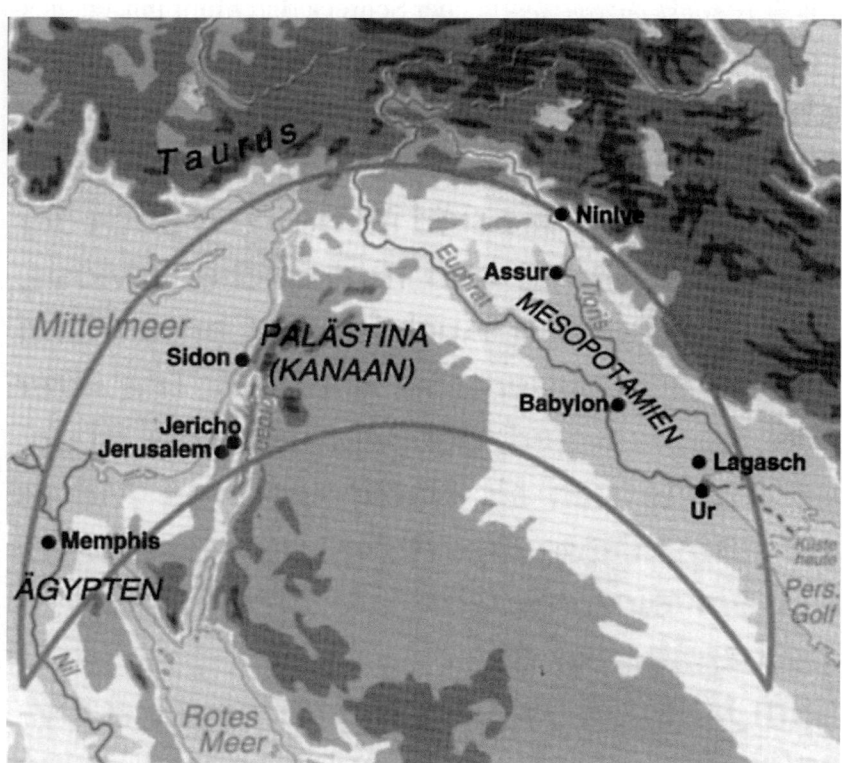

Hammurabi ließ sich gerne als „derjenige, der Gerechtigkeit auf die Erde brachte", bezeichnen.

- *Was hältst du von den unter § 22, § 97, § 197 angeführten Strafen?*
- *Warum ist die Aufzeichnung der Gesetze ein großer Fortschritt?*
- *Wie werden ähnliche Fälle heute entschieden?*

Er lauschte mit angehaltenem Atem. Die Stimmen waren verstummt. Aber er hörte nicht das Geräusch sich entfernender Schritte. Waren sie noch da? Er wagte nicht mehr, den Kopf über die Mauerkrone zu heben. Die Moskitos – lang konnte er die Qualen nicht mehr ertragen. Angeekelt sah er, wie sich ein ganzer Schwarm auf seinem nackten Schenkel niederließ, wie fünf, sechs der verfluchten Biester ihren Rüssel hoben, um ihn gleich darauf in seine schutzlose Haut zu bohren.

Klatsch! Ohne nachzudenken, hatte er die Hand gehoben und kräftig auf den Schenkel geschlagen. Ein tödlicher Schreck durchfuhr ihn, er zuckte zusammen.

Unter seinen Füßen prasselte Geröll, und ein Stein polterte die Böschung hinunter, bis er im aufspritzenden Wasser liegen blieb.

„Was war das? Habt ihr das gehört? Dort, hinter der Mauer!"

Stimmen und Schritte kamen näher, von hier gab es kein Entkommen, oder doch, vielleicht über den Fluss, aber die Angst lähmte ihn, und schon hielten ihn ein Dutzend Hände eisern fest.

„Ist das der Räuber?"

„Das ist er, ich erkenne ihn, seht zum Beweis die blutige Schramme auf seinem Rücken, dort, wo ihn mein Stein getroffen hat!"

Wutschnaubend trat einer auf den Mann zu und hob den schweren Stock, den er in Händen hielt.

„Das ist der Verfluchte, der mich bestohlen hat. Ich zerschlage ihm die Knochen!"

Aber der Vorsteher trat dazwischen.

„Das wirst du nicht tun! Es gibt ein Gesetz, das die Rache des Einzelnen verbietet. Nur der Richter hat das Recht zu strafen!"

Der Mann starrte blicklos vor sich hin. Seine Flucht war gescheitert. Er fürchtete die Strafe nicht weniger als die Rache. Denn auf Raub stand nach Hammurabis Gesetz der Tod.

Scherbengericht und Sieg der Demokratie

Für das Zusammenleben in einem Staat sind bestimmte Regelungen (Gesetze) notwendig. Wer die Macht im Staat besitzt, entscheidet darüber. Die Herrschaft in einem Staat kann von einem, von wenigen oder von allen ausgeübt werden. Alle diese Regierungsformen traten in der Entwicklung der griechischen Stadtstaaten auf. Zuerst herrschten Könige, dann eine Gruppe von Adeligen. Erst später setzte sich die Volksherrschaft durch.

Dumpf dröhnen die Gongs von der Höhe der Akropolis.
Klangsteine und Eisenbecken auf dem Marktplatz der Stadt geben vom Tal her Antwort. Die hölzernen und aus grobem Stein errichteten Tempel auf dem Felsen des Burgberges leeren sich.
Die Besucher eilen über die Prozessionsstraße bergabwärts. Durch die Lücke, die der *Areopag* freigibt, sieht man auf das Töpferviertel und den großen Markt. Auch dort gibt es langgestreckte Säulenhallen, große Gebäude und Tempel. Aufgeregt rennt das Volk in seinen weißen Gewändern durcheinander.
Athen ist zur Volksversammlung aufgerufen. Zur *Pnyx* strebt nun alles. Der Platz ist eine schräg abfallende Fläche vor einer halbrunden Felswand gegenüber von Akropolis und Marktplatz. Hier oben entscheidet das athenische Volk über seine Zukunft.
Jener Peisistratos, der einst *Homers* Gesänge hat aufschreiben lassen, war ein „guter Tyrann" gewesen. Aber ob gut oder böse: Ein Diktator war er eben doch! Das bedeutete, dass er allein bestimmte, was in der Stadt Athen zu geschehen hatte. Kein Bürger hatte etwas zu sagen. Die Macht lag bei der schwerbewaffneten Polizei und bei den Soldaten, die Peisistratos bezahlte.
Schon die Söhne des Peisistratos waren keine „guten Tyrannen" mehr. Sie missbrauchten die Macht solange, bis sich das Volk gegen sie erhob. Der eine wurde ermordet, der andere floh zu den Persern.
Anführer des Aufstandes war der ehrliche und kluge Kleisthenes gewesen. Er führte dann eine andere

Areopag
Hügel in Athen und der nach ihm benannte Gerichtshof
Pnyx
Versammlungsort; hier entscheidet das athenische Volk
Homer
Berühmter griechischer Dichter

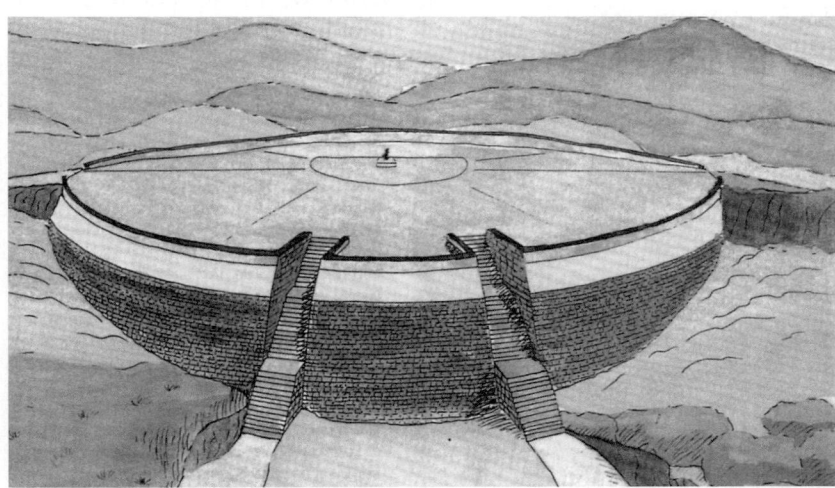

Rekonstruktion des Grundrisses der Pnyx im 4. Jh. v. Chr.

Regierungsform ein, die er „Demokratie" nannte, weil *demos* (das Volk) *kratein* (regieren) sollte. Nicht die Großgrundbesitzer oder Geldleute, nicht der Adel oder die vornehmen Familien allein sollten herrschen, sondern die Gesamtheit der freien Bürger. Eine Versammlung freier Männer würde über alle wichtigen Fragen abstimmen und die hohen Beamten der Stadt jeweils für ein Jahr wählen. Kam es wieder einmal zu schwerwiegenden Meinungsverschiedenheiten zwischen den Führern zweier Parteien, so sollte die Volksversammlung darüber entscheiden, welcher der beiden Streithähne die Stadt verlassen müsse.

Dieser Fall ist nun eingetreten. Athen schwankt zwischen den beiden Politikern Aristides und Themistokles. Der erste will das Landheer Athens verstärken und nichts in Wirtschaft und Gesellschaft ändern. Doch der zweite sagt: Wenn wir bestehen wollen, müssen wir aufs Meer hinaus, eine Kriegsflotte bauen und eine Welthandelsstadt werden. Über diese Fragen soll nun das Athenische Volk urteilen.

Deshalb setzt sich jung und alt zur Pnyx in Bewegung.

Kreon, der Töpfer, flucht nicht schlecht, als ihm die Nachbarn zurufen, er möge zur Volksversammlung kommen. Er hat viel Arbeit, eilige Aufträge, und es passt ihm gar nicht, Zeit zu versäumen. Aber ein städtischer Beamter, der vor seiner Werkstatt erscheint, klärt ihn auf, dass Wahlrecht auch Wahlpflicht bedeutet.

Es gibt noch mehr Leute, die sich von Volksversammlung und Politik drücken wollen. Deshalb schickt der Hohe Rat Athens die Polizisten aus. Je zwei dieser Männer gehen dicht an den Hauswänden eine Gasse entlang. Zwischen sich halten sie einen Strick gespannt, der mit rotem Pulver eingestäubt ist.

Es gibt für die Fußgänger keinen Ausweg! Entweder müssen sie vor dem Strick herlaufen und werden so direkt zur Pnyx getrieben, oder sie versuchen über das Seil zu springen. Dann schnellen die Polizisten den Strick hoch, und die Unwilligen bekommen rote Striche auf ihre weißen Kleider. Weiter hinten aber kommen andere Polizisten und kassieren von jedem, der rot gezeichnet ist, eine Geldstrafe.

So kommen die Töpfer, Silberschmiede, Lederarbeiter und Bäcker aus ihren Werkstätten. Die Maurer verlassen die Baustellen, die Händler sperren ihre Buden ab und gehen.

Wer zu spät kommt wird mit zinnoberroter Farbe gekennzeichnet und muss Strafe zahlen.

Aus den vornehmen Villen am Stadtrand rollen die Zweigspanne der reichen Herren und streben dem Felsrund der Volksversammlung zu. Dort oben am Hügel sind unterdessen die aufragenden Felsen, ja selbst Zypressen und Pinien von Buben und Mädchen besetzt. Nichtstimmberechtigte Fremde, Frauen, Sklaven und Jugendliche umstehen in dichten Reihen den Platz. Schon hat ein Ratsmitglied die Versammlung eröffnet. Jeder der beiden Parteiführer darf dem Volk seine Meinung darstellen. Erst redet Aristides, dann steigt Themistokles auf die in Stein gehauene Tribüne und spricht.

Am Ende diskutiert die Versammlung und schreit und lärmt durcheinander. Wieder ertönt ein dumpfer Gong und es wird still.

Der Versammlungsleiter ruft zur Abstimmung auf. Städtische Sklaven haben von der Töpferstadt ganze Karrenladungen von rotbraunen Scherben herbeigeschafft, die nun unter die stimmberechtigten Männer verteilt werden.

Wer dafür ist, dass Aristides aus der Stadt verbannt wird, muss ein A auf die Scherbe kritzeln. Wer gegen Themistokles stimmen will, zeichnet ein Th.

Eine Weile ist es ruhiger, weil alle dabei sind, die „Ostrakoi" (Scherben) zu beschriften. Trotzdem flammen immer wieder Streitgespräche auf. Dann kommen die Stadtknechte mit Körben und sammeln die Scherben ein. Der Rat selber zählt sie aus. Unter tiefem Schweigen der Versammlung wird das Ergebnis verkündet: Aristides wird von mehr als sechstausend Stimmen verbannt. Themistokles und die moderne Partei haben gesiegt. Athen wird endgültig aufs Meer gehen, die Flotte vergrößern und Seemacht werden.

Cartoon von Martin Brown

- *Nenne Kennzeichen der Demokratie in Athen.*
- *Stelle die Demokratie von heute der attischen gegenüber.*
- *Warum nutzten nicht alle athenischen Vollbürger Athens ihre demokratischen Rechte? Wie ist das heute?*

Das Erbe Senator Samptorius'

In einem Staat, besonders in einem Weltreich wie Rom, muss es für das Zusammenleben der Menschen bestimmte Regeln (Gesetze) geben.
Grundlage des römischen Rechts war das Zwölftafelgesetz; erst später wurde es durch Rechtsvorschriften erweitert. Es bestanden genaue Bestimmungen für alle wichtigen Angelegenheiten des öffentlichen wie privaten Lebens (z. B. für das Ehe- und Erbrecht).
In der antiken Gesellschaft galt die Sklaverei als gerecht – sie war die Bestrafung der Besiegten!

Zwölftafelgesetz
Verlorene, älteste Aufzeichnung des römischen Rechts auf 12 Tafeln, angeblich um 450 v. Chr. verfasst
Delos
Insel im Ägäischen Meer; in der Antike größter Sklavenmarkt

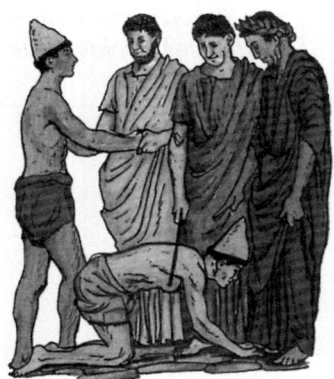

Rekonstruktionszeichnung der Freilassung eines Sklaven

Mutter Imidora berichtet:
Es war ein furchtbares Unglück für unsere Familie, als der alte Senator Samptorius kinderlos starb. Seine großen Landgüter und die Gerätschaften fielen seinen Erben in der Stadt zu, dazu kam das Vieh und wir Sklaven als eine bewegliche Sache, über die der Herr frei verfügen konnte. Glück hatten in unserer Villa Pulcinella der Kammerdiener, der Koch, der Kutscher und zwei Gärtner. Sie wurden im Testament des Senators namentlich erwähnt und ein paar Tage später waren sie frei. Obwohl wir viele Jahre für den Senator viel Schweiß bei der Haus- und Feldarbeit vergossen hatten, wollte er uns nicht berücksichtigen. Was ich für meine Familie befürchtet hatte, trat kurze Zeit später ein. Die Erben kamen auf das Landgut und beschlossen, alle Besitztümer des Verstorbenen aufzuteilen und uns Sklaven auf den Märkten zu verkaufen. Unsere Familie sollte aufgeteilt und in alle Himmelsrichtungen verstreut werden. Ich konnte den Schmerz kaum ertragen. Hatten wir es doch als Familie bei Samptorius recht gut erwischt. Neben den Wagenremisen und Scheunen lebten wir so recht und schlecht in einem kleinen Bretterhaus, zu dem ein winziger Garten gehörte. Das war besser als in den Viehställen zu hausen, in denen die unverheirateten Sklaven lebten. Fast 30 Jahre standen wir in den Diensten des alten Herrn. Mein Mann wurde bei einem Kriegszug der Römer im Keltenland gefangen und ich wurde von meiner Mutter schon als Mädchen auf dem Sklavenmarkt in *Delos* für ein paar Glasperlen und bemalte Krüge an einen römischen Händler verkauft.
Mein Mann verstand sich auf einfache Hilfsdienste in der Landwirtschaft. Auf dem Hof des Samptorius hatte ich ihn kennen gelernt. Genauer gesagt bei der Arbeit auf dem Feld. Wie alle anderen Sklaven zogen auch wir, zu hundert zusammengebunden, die Sä- und Mähmaschinen über die Felder. Hinter uns schritten die Aufseher mit ihren Peitschen, vor uns

pfiffen die Flötenspieler. Im Takt der Einpeitscher versahen wir unsere Zug- und Spanndienste. Später, bei der Ernte, droschen wir im Takt, füllten Korn in die Säcke und jäteten Unkraut auf den Gemüsefeldern. Abends saßen wir beisammen und erzählten von unserem Schicksal. Unsere Kinder wuchsen auf dem Landgut heran. Eigentlich führten wir ein glückliches Familienleben, bis eben der alte Samptorius starb.

Das Unheil brach an jenem Tag über unsere Familie herein, als die Erbengemeinschaft aus Rom kam. Es waren reiche Leute, die den Luxus liebten, in modernen Palästen wohnten und in goldenen Wagen mit Kamelen und Elefanten kutschierten. Die Damen badeten in Milch und Wein. Wir aber wurden auf den Sklavenmarkt gebracht. Auf dem weiten Platz waren Ringe durch Pflöcke abgesteckt. In diesen Pferchen hatten die Händler Bänke und kleine Buden aufgebaut. Sofort stürzte ein Händler auf meine beiden Söhne zu. Entzückt betrachtete er Secundus, unseren zweiten Sohn. Kein Wunder, dass er ein Augenmerk auf ihn hatte. Der Junge hatte Schultern wie *Herkules* und war gerade und hoch gewachsen wie ein Baum. Ungeniert fuhr ihm der Händler mit einem Holz zwischen die Lippen und sperrte ihm den Mund auf. An den Zähnen erkannte er schnell das Alter und die Gesundheit meines Sohnes. Als er laut schrie, dass Secundus als *Gladiator* gut verkauft werden könnte, zog sich mein Herz zusammen. Ich wusste Bescheid, was das bedeutete.

Dann wandte sich der Händler meiner Tochter Sarah zu. Sie war damals 17 Jahre alt und musste vor allen vortanzen. Ich wusste, was man mit ihr vorhatte. Nur bei Primus, unserem ersten Sohn, bestand die Möglichkeit, dass er bei uns bleiben konnte. Er war schlecht zu verkaufen, weil er ein großes Brandmal im Gesicht hatte. Vielleicht bleibt ihm der Gang auf die Ruderbank einer Galeere oder in ein Bergwerk erspart, dachte ich damals. Auch mein Mann war schon von der harten Arbeit gezeichnet. Damit man seine Krampfadern nicht so schnell sah, pinselte ihm der Händler die Füße bis zu den Knien mit Kalk an. Mir selbst träufelte der Gehilfe des Händlers *Belladonna* in die Augen, damit ich jugendlicher aussehen und der Preis steigen sollte. Der Händler murmelte etwas von Spinnstube und bis wir uns versahen, standen wir alle auf verschiedenen Bänken in verschiedenen Pferchen und waren zum Verkauf für verschiedene Arbeiten vorgesehen. Als ich den Händler anflehte, wenigstens eines meiner Kinder in meinen Pferch zu geben, drohte er mit der Lederpeitsche und kündigte schreckliche Strafen an.

Herkules
Sohn des Zeus, ein Mann mit Riesenkräften
Gladiatoren
Kämpfer, die bei öffentlichen Spielen gegeneinander oder gegen wilde Tiere antreten mussten
Belladonna
Saft der Tollkirsche, der die Pupillen erweitert

Patrizier
Angehöriger des altrömischen Geburtsadels
Capua
Stadt nördlich von Neapel

Eine Stunde später standen die Hausverwalter reicher Römer oder Gutsbesitzer, die alle neue Arbeitskräfte suchten oder Geld in Sklaven anlegen wollten, vor uns. Wie ich befürchtete, wurde unsere Familie völlig auseinandergerissen. Sarah kam in einen *Patrizierhaushalt* nach Rom als Dienstmädchen. Primus kam auf das Landgut des Cannonius, wo er als Sä- und Mähmaschine arbeiten wird. Mein Mann und ich wurden vom gleichen Einkäufer für ein paar Denare auf das Gut des Senators Castillius verschoben, wo wir jetzt in alten Jahren die Hühner versorgen. Secundus wurde von einem Aufkäufer der Gladiatorenschule in *Capua* erworben. Wir riefen uns nur noch kurz Grüße zu.

Q1

Ein Kaufvertrag (142 n. Chr.)
„Dasius Breucus hat gekauft und als Eigentum erworben den Knaben Aplaustus, von griechischer Geburt. Die Quittungsgebühr ist 2 Unzen. Der Kaufpreis beträgt 550 Denare. Verkäufer ist Belicus Alexandri. Die Richtigkeit dessen bestätigt M. Vibius Longus. Es wird garantiert, dass der Junge gesund, ohne bestehende Haftungsverpflichtung wegen Diebstahl oder Beschädigung ausgeliefert wird. Er ist kein Herumtreiber oder entflohen...
Ausgestellt im Lager der Legio XIII am 16. Mai im Konsulatsjahr von Rufinus und Torquatus."
(Nach: CIL, Tab. cer. 941)

- Überdenke anhand der Erzählung die verschiedenartigen Lebensumstände der Sklaven. Erarbeite Gemeinsamkeiten und Unterschiede.
- Wie wurde man Sklave und welche Möglichkeiten gab es, diesem Schicksal zu entkommen?
- Begründe, warum ein moderner Rechtsstaat auf Prinzipien – wie in Quelle 2 genannt – nicht verzichten kann.

Das römische Recht – Grundlage für den modernen Rechtsstaat
Folgende Vorschriften, die heute gelten, stammen aus dem römischen Recht:

Q2

Niemand darf verurteilt werden, ohne dass er angehört wird.
Bei einem Rechtsstreit müssen beide Parteien gehört werden.
In Zweifelsfällen muss der Richter zu Gunsten des Angeklagten entscheiden.
(Ausgewählt und vereinfacht.)

Nachbarstreit in der Dorfgemeinschaft

Die meisten Bauern waren unfrei und mussten für einen Grundherrn arbeiten und Abgaben leisten. Dafür musste sie der Grundherr von seiner Burg aus schützen. Oft wurden die Bauern ausgebeutet. Wenn sich ein Dorfbewohner in seinen Rechten verletzt fühlte, klagte er vor dem Dorfgericht. Entweder richteten Bauern als Schöffen unter Aufsicht des Grundherrn oder der Grundherr selbst. Über Leben und Tod entschied nur der Landesherr.

Der Dorfmeister hat eine Versammlung einberufen...
Ein Nachmittag, Anfang September. Im Dorf ruht heute die Arbeit, denn es ist Sonntag. Auch ist die Ernte schon fast beendet. Im Vorraum der Kirche sitzen auf den Holzbänken entlang der dicken Mauern die Männer des Dorfes. Der Dorfmeister hat diese Versammlung einberufen. „Auch diesmal wollen wir damit beginnen, Beschwerden zu behandeln. Wer möchte etwas sagen?" Zunächst Schweigen, dann räuspert sich einer der Bauern und sagt: „Ich hab' nichts gegen den Martin, meinen Nachbarn. Er hat das ganze Jahr hart gearbeitet, um sein Haus auszubessern. Aber die Dachrinnen liegen jetzt so, dass das meiste Regenwasser in meinen Garten fließt. Und sein neuer Zaun ist so geflochten, dass die Äste nach außen stehen." Der Dorfmeister blickt fragend auf einen der Dorfältesten. Der wiegt bedächtig den Kopf und erklärt: „Schon zur Zeit meines Großvaters war es in unserem Dorf Brauch, dass Regenwasser in den eigenen Garten fließen muss und dass die Äste eines Zauns nach innen abstehen müssen. Der Martin muss das ändern."
Einige andere Beschwerden werden auf die gleiche Art entschieden, nach dem überlieferten Dorfrecht, über das die Dorfältesten Auskunft geben. Dann spricht erneut der Dorfmeister. „Eigentlich müssten wir heute darüber reden, was jeder fürs nächste Jahr auf seinem Ackerland anbaut, auch wie wir die Benutzung des Waldes und der Wiesen aufteilen wollen.

Schöffe
Urteilsfinder/Laienrichter

Kaum waren die Erntearbeiten zu Ende, kamen schon die Vertreter des Grundherrn, um von den Bauern die Abgaben zu fordern.

Der Bauer hat oft keine Möglichkeit zur Beschwerde. Der Grundherr ist Obrigkeit und Richter zugleich.

Martini Festtag des hl. Martin, 11. 11.

Und dann wären noch einige Wege auszubessern, bevor der Winter kommt. Aber es gibt etwas Wichtigeres: Letzten Sonntag hat mich der Herr zu sich auf die Burg bestellt. Ich will es kurz machen: Unser Herr will dieses Jahr mehr Abgaben. Ich hab' ihm gesagt: Das geht nicht. Es hat so viel Regen und Hagel gegeben, dass wir nur wenig mehr als das Saatgut fürs nächste Jahr haben und gerade noch das nötigste Winterfutter fürs Vieh. Er ist sehr zornig geworden. Wenn ich nicht dafür sorge, dass er einen höheren Anteil an der Ernte bekommt, dann will er mich absetzen und einen anderen zum Dorfmeister ernennen."

Die Bauern sind zunächst bestürzt, dann aber macht sich die Erregung laut Luft. Nein! Will der Herr sie alle aushungern? Keiner von ihnen wird sich als neuer Dorfmeister einsetzen lassen! Alle sind einverstanden, am nächsten Sonntag eine Abordnung auf die Burg zu schicken ...

„Streithähne"
Bald danach kam es in einem anderen Dorf zu einem ernsten Streit: Seit jeher ließ Frieder seine Schweine über den Acker des Rubenbauern zur Gemeinschaftsweide in den Wald treiben. Er konnte sich dabei auf ein schon lange bestehendes Wegerecht seiner Vorfahren berufen. Nun beschuldigte ihn der Rubenbauer jedoch, Frieders Schweine hätten ihm das ganze Korn zertrampelt.

„Soll er doch froh sein, dass unser Vieh seinen Acker düngt, dabei könnten wir den Mist selbst so notwendig brauchen!", entrüstete sich Hiltrut. Schon früher hatte es zwischen den beiden Familien so manche Auseinandersetzung gegeben, die mitunter sogar blutig endete. Diesmal kam der Streitfall vor das Dorfgericht.

Der Rubenbauer war als jähzornig verschrien und hätte am liebsten den Streit auf eigene Faust ausgefochten. Er und sein Sohn Jakob waren die einzigen im Dorf, die heimlich immer ein Schwert mit sich führten, obwohl den Bauern das Waffentragen streng verboten war. So gingen Frieder, Hiltrut und der Knecht den beiden Streithähnen aus dem Weg und warteten ab, bis das Dorfgericht den Schiedsspruch gefällt hatte. Das Urteil der Schöffen fiel für Frieder günstig aus: Er durfte weiter sein Vieh über den Acker des Rubenbauern treiben, wurde jedoch verpflichtet, jedes Jahr im Herbst spätestens bis *Martini* ein Schwein zu schlachten, von dem er einen genau festgelegten Teil abgeben musste. Auch die Rubenbauern waren schließlich mit dem Urteil einigermaßen zufrieden, und auf dem nächsten Schlachtfest stimmte sie die gemeinsame Schlachtsuppe versöhnlich ...

Urteilssprüche eines Dorfgerichts

Wenn einer dem anderen über sein Saatfeld Vieh treiben muss, soll er das Vieh an Stricken treiben, ohne der Saat zu schaden.

Will einer Mist oder anderes auf sein Feld oder Frucht und Heu heimfahren und muss er dabei über das Gebiet eines anderen, so darf er es nur mit Erlaubnis des Besitzers.

Will der Besitzer aber nicht die Erlaubnis geben, so mag er zum *Schultheiß* gehen und sich von diesem die Erlaubnis holen. Er muss aber vor Nacht immer den Zaun wieder schließen, damit dem Besitzer kein Schaden geschieht.

Wer beim Brande nicht zum Retten mit herzuläuft und doch höret das Klingen oder Anschlagen der Glocke oder Geschrei des Volks und unterlässt das aus Neid oder wegen Feindschaft, der soll Buße zahlen.

Dorfgericht unter der Linde

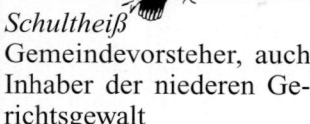

Schultheiß Gemeindevorsteher, auch Inhaber der niederen Gerichtsgewalt

- *Die Erzählungen, Quellen und Bilder berichten, wie das Zusammenleben im Dorf geregelt wurde. Spielt einzelne Ereignisse (z. B. Gerichtsverhandlung . . .) nach.*
- *Erstellt eine Reportage über eine Gerichtsverhandlung.*

Ein Mann wird verurteilt

Jaromir, ein junger Mann aus der Gegenwart, macht eine Zeitreise in eine mittelalterliche Stadt. Durch Hans Ochsenbein, einen Bürger dieser Stadt, erfährt er viel über die mittelalterliche Rechtsprechung.

Zunft
Vereinigung von Handwerkern, z. B. der Zimmermänner
Reliquienschrein
Behälter für ein religiös verehrtes Andenken, z. B. Gebeine von Heiligen

Vorgestern Nacht wurde einer tödlich verletzt. Zimmermeister Johannes Schlumpf, Vater dreier Kinder, hatte bei einer nächtlichen Schlägerei einen *Zunftbruder* so unglücklich getroffen, dass dieser an den Folgen starb.
Heute Vormittag saß man im Rathaus über den Mann zu Gericht. Jaromir, der berühmte „Gast aus der Zukunft", durfte der Gerichtsverhandlung beiwohnen. Wie fieberte alles in Jaromir. Schnell lief er die Treppe hinauf. Er stand längst im Gerichtssaal, als Hans Ochsenbein eintrat.
Die Einrichtung des Gerichtssaals war einfach. Eine Holzschranke trennte die streitenden Parteien von den Richtern. Auf den Bänken durften Zeugen und Verwandte Platz nehmen. Der Zeuge legte die linke Hand auf den *Reliquienschrein*, wenn er mit der Rechten die Schwurfinger hob. Zur Rechten des Vorsitzenden saßen die Richter, die Doktoren. Zu seiner Linken hatten zwei adelige Beisitzer Platz genommen. Auch zwei Kaufleute waren dabei. Weiter entfernt saßen zwei Sekretäre und der Ratsschreiber. Dieser las die Anklage nicht lateinisch, sondern auf Deutsch vor, damit sie der Angeklagte verstand: „Der ehrbare, nicht vorbestrafte Zimmermeister Johannes Schlumpf hat in der Nacht auf den Mittwoch in der Weinstube ‚Zum Beil' seinen Zunftbruder Heinrich Henlein getötet. Dies geschah in betrunkenem Zustand im Verlauf einer Schlägerei. Er hat Heinrich Henlein einen so unglücklichen Schlag versetzt, dass dieser rücklings gegen eine Tischkante fiel und sich dabei das Genick brach."
Ein Zeuge nach dem andern legte seine linke Hand auf den Schrein und

Wichtigstes Strafmittel bei kleinen Vergehen, die den Frieden zwischen den Mitbürgern störten, war die Bloßstellung des Missetäters im Stock oder Pranger. Da Haftstrafen kaum verhängt wurden, folgten als nächste Stufe bereits Brandmarkungen und Verstümmelungen, die ihren Träger auf Dauer an den „Pranger" stellten.

schwor, dass es sich so und nicht anders verhalten hätte. Aus den Vernehmungen ging hervor, dass Johannes einen guten Leumund, einen guten Ruf, hatte und ein geachteter Handwerker war. Der Vorsitzende betonte das mehrmals, was Jaromir etwas beruhigte. Natürlich erwartete er keinen Freispruch. Die Richter zogen sich zur Beratung ins Nebenzimmer zurück. „Er darf mit einer milden Strafe rechnen", meinte auch Hans zufrieden, mit dem er in der vordersten Bank saß.

Die Strafe fiel denn auch milde aus, nach damaliger Auffassung jedenfalls. Mit Rücksicht auf seinen guten Leumund und seine Stellung als Zimmermann wurde er nicht zum Tode durch den Strang, sondern durch das Schwert verurteilt. Jaromir saß entgeistert da. Er war so betäubt, dass er nicht einmal das Wimmern und Heulen der Angehörigen wahrnahm. Das also war das „milde Urteil", mit dem Johannes Schlumpf „rechnen durfte". Bereits auf der Treppe überfiel Jaromir Hans Ochsenbein mit Fragen. Dieser ließ sich nicht beirren. Erst vor dem Rathaus machte er Halt. „Komm!", winkte er Jaromir und schlug den Weg in die Schneidergasse ein. Hier waren sie allein, obwohl der „Gast aus der Zukunft" aus jeder Werkstatt neugierig angestarrt wurde.

„Wo bleibt das milde Urteil?", fragte er verständnislos. Hans beschleunigte den Schritt, während er nachdachte. Schließlich hatte er die Worte beisammen: „Es ist ehrenvoller, geköpft zu werden, als am Galgen zu enden, und zwar –"

„Wo bleibt da der Unterschied?", fiel ihm Jaromir ins Wort.

„Und zwar darum, weil dir am Galgen der Atem abgewürgt wird, und du darum die Seele nicht aushauchen kannst. Die geht dann mit dir direkt in die Hölle."

Mit hartem Ruck blieb Hans stehen, machte stechende Augen und fragte drohend: „Glaubst du das etwa nicht? Bist du gar ein Ungläubiger, ein Ketzer? Weißt du, welche Strafe auf Ketzerei steht? Verbrennung auf dem Scheiterhaufen, jawohl!" Da merkte Jaromir, dass in dieser Sache mit Hans nicht gut zu reden war.

„Schon gut", sagte er einlenkend und gab ihm einen freundschaftlichen Klaps auf die Schulter. „Darum sprachst du von milder Strafe."

„Darum." Und nach einer Pause: „Frauen werden auch nicht gehenkt, sondern geköpft. Bei schlimmen Vergehen begräbt man sie lebendig."

„Habe ich richtig gehört?"

„Du hast. Frauen haben ohnehin keine Seele."

„Dein Ernst?"

„Die Gelehrten streiten sich jedenfalls darüber. – Und Juden hängt man an den Füßen auf."

„Warum jetzt das?"

„Weil Juden Christusmörder sind." Schon wollte Jaromir wieder mit einem Nein dreinfahren, konnte aber gerade noch an sich halten. Hans dachte doch, wie seine Zeit dachte.

Gerichtssitzung in der Stadt

Scharfrichter
Vollstrecker der Todesstrafe

- Erstelle eine Liste der Begriffe zum Thema: Rechtsprechung in einer mittelalterlichen Stadt.
- Wie würde diese Gerichtsverhandlung heute ablaufen?

„Die können von Glück reden, wenn die Pest nicht zu uns kommt. Dann werden sie nämlich allesamt –"
„– verbrannt", beendete Jaromir den Satz.
„So? Kommt denn die Pest auch in unsere Stadt?"
„Das weiß ich nicht, und wir wollen es auch nicht hoffen. Aber in vielen Städten wurden Juden als Brunnenvergifter verbrannt, in Frankfurt sechstausend. Doch musst du wissen, in meinem Jahrhundert ist man mit den Juden *noch* grauenvoller verfahren." Hans nickte, als habe ihn die Neuigkeit befriedigt und nahm den Faden wieder auf: „Wir haben einen guten *Scharfrichter*. Er weiß das Schwert so geschickt zu führen, dass der Kopf fast jedesmal beim ersten Hieb fällt." Jaromir erschauderte.
„Oder Rädern. Mein Gott, alles, nur nicht gerädert werden!"
„Auch davon habe ich gehört, verstehe aber nicht, wie man einen Menschen auf ein Rad flechten kann."
Hans wehrte ab. „Der Mann wird an allen Vieren auf dem Boden festgebunden. Hierauf schlägt man ihm mit einem Rad alle Knochen entzwei. Selten, dass einer nach dieser Tortur noch am Leben ist. Dann erst wird er aufs Rad geflochten und auf dem Rabenstein den Raben zum Fraß ausgesetzt."
Jaromir stöhnte.
„Herrgott, bist du ein empfindsamer Mensch. So groß gewachsen und eine so dünne Haut!"
„Hör bitte auf! Es ist mir wirklich unter die Haut gegangen."
Das ließ sich Hans nicht zweimal sagen, und er verabschiedete sich mit einem Blick auf das Wirtshaus.
Jaromir überlegt: Gott sei Dank ist die Todesstrafe bei uns heute abgeschafft. Johannes Schlumpf bekäme für Totschlag höchstens sechs Jahre, weil er's doch unabsichtlich tat. Davon würde ihm bei guter Führung ein Drittel erlassen.
Andere Zeiten, andere Sitten!

REDENSARTEN AUS DEM MITTELALTER

Die Ehre abschneiden – Das Haar des Verurteilten wurde geschoren, um ihn äußerlich zu brandmarken.
Jemanden ungeschoren lassen – nicht scheren.
Besitzen – Man saß mit dem Stuhl auf einem Grund zum Zeichen dessen, dass er einem gehörte.
Den Stuhl vor die Tür setzen – Wenn jemand aus seinem Besitz gewiesen wurde, so wurde dem Betroffenen der Stuhl vor die Tür gesetzt. Er durfte sein Anwesen nicht mehr betreten.
Auf die Folter spannen – Auf den meisten Folterinstrumenten wurde man festgebunden.
Sich wie gerädert fühlen – Ein großes Rad zerbrach die Knochen.

Ein Gottesurteil

War in einer rechtlichen Auseinandersetzung kein Zeugenbeweis möglich, konnte sich der Beschuldigte durch ein „Gottesurteil" vom Vorwurf befreien. Einfach war das Losen, gefährlich die Feuerprobe, wobei z. B. über glühende Pflugscharen zu laufen war. Beim Kesselfang musste der Beschuldigte einen Gegenstand aus siedendem Wasser holen. Bei der Wasserprobe war schuldig, wer gefesselt oben schwamm, denn das reine Wasser nahm keinen Übeltäter auf.
In der folgenden Geschichte wird das Gottesurteil des Zweikampfs geschildert.

England im Jahr 1194. König Richard Löwenherz ist noch immer nicht vom Kreuzzug nach Palästina zurückgekehrt. Sein Bruder Johann Ohneland hat sich inzwischen der Herrschaft bemächtigt. Doch einige Adelige halten treu zu König Richard, so Wilfred von Ivanhoe. Er findet Unterstützung bei einem reichen Juden, Isaac von York. Nachdem Ivanhoe in einem Turnier schwer verwundet wird, entführt einer der Ritter Johanns, Brian de Bois-Guilbert, die schöne Rebecca, die Tochter Isaacs. Sie wird als Zauberin zum Tode verurteilt. Nur ein Gottesurteil kann sie noch retten: Ein Ritter muss für sie kämpfen.

Die Richter waren nun schon zwei Stunden bereit und warteten vergeblich auf das Erscheinen eines Kämpfers. In diesem Augenblick wurde ein Ritter sichtbar, der sein Pferd zur Eile anspornte. Hundert Stimmen schrien: „Ein Kämpfer! Ein Kämpfer!" Und trotz ihrer Voreingenommenheit und ihres Vorurteils gegenüber der Jüdin jauchzte die Menge wie aus einem Munde, als sie den Ritter

Im Gottesurteil des Zweikampfes rettet ein Ritter die unschuldige Jungfrau vor dem bereits brennenden Scheiterhaufen, Holzschnitt von A. Dürer (?).

Herold
An Königs- und Fürstenhöfen ein besonderer Stand an Dienstmannen, die durch Wappen- und Personenkenntnis die Berechtigung der Ritter zur Teilnahme an Turnieren prüften, als Schiedsrichter das Turnier leiteten und wichtige Aufgaben bei festlichen Anlässen wahrnahmen

auf den Turnierplatz reiten sah. Doch ein zweiter Blick vernichtete die Hoffnung, die seine Ankunft erweckt hatte. Sein Pferd, so manche Meile zu äußerster Eile angetrieben, schien vor Erschöpfung zu taumeln, und der Reiter, so unerschrocken er sich auch zeigte, war vor Schwäche oder Ermüdung oder beidem anscheinend kaum noch im Stande, sich im Sattel zu halten.

Die Aufforderung des *Herolds*, Rang, Namen und Absicht zu nennen, beantwortete der fremde Ritter rasch und kühn: „Ich bin ein guter und edler Ritter und hierher gekommen, um den gerechten und gesetzlichen Kampf dieses Mädchens mit Namen Rebecca, Tochter Isaacs von York, mit Lanze und Schwert auszufechten, das gegen sie ergangene Urteil als falsch und unwahr zu erweisen und Herrn Brian de Bois-Guilbert als einen Verräter, Mörder und Lügner herauszufordern, was ich mit Gottes Hilfe auf diesem Feld mit meinem Körper gegen seinen beweisen werde. Ich bin Wilfred von Ivanhoe . . . Erlaubt mir der Großmeister den Kampf?"

„Ich darf dir nicht abschlagen, was du herausgefordert hast", antwortete der Großmeister, „vorausgesetzt, das Mädchen nimmt dich als ihren Kämpfer an. Doch wünschte ich, du wärest in besserer Verfassung, um den Kampf zu wagen."

„So, wie ich bin, und nicht anders", erwidert Ivanhoe, „es ist das Urteil Gottes, und seinem Schutz empfehle ich mich. – Rebecca", fragte er dann und ritt hin zu dem Mädchen, „nimmst du mich als deinen Kämpfer an?"

„Ja, ja", sagte sie, zitternd vor innerer Bewegung, wie sie nicht einmal die Furcht vor dem Tode in ihr erweckt hatte. „Ich nehme dich als den Kämpfer, den mir der Himmel gesandt hat . . . Doch, nein, nein, deine Wunden sind noch nicht verheilt. Kämpfe nicht gegen den hochmütigen Mann, warum solltest du ebenfalls sterben?"

Doch Ivanhoe war schon an seinem Platz, hatte das Visier geschlossen und die Lanze ergriffen. Bois-Guilbert tat ein Gleiches, und sein Knappe bemerkte beim Schließen des Visiers, dass sein Gesicht plötzlich hochrot geworden war. Als der Herold nun jeden Kämpfer auf seinem Platz sah, erhob er die Stimme und rief dreimal: „Tut eure Pflicht, tapfere Ritter!" Nach dem dritten Ruf zog er sich auf die eine Seite der Schranken zurück und verkündete von dort aus noch einmal, dass bei augenblicklicher Todesstrafe niemand wagen dürfe, sich mit Wort, Schrei oder Tat in diesen gerechten Kampf zu mischen. Die Trompeten ertönten, und die Ritter sprengten in vollem Lauf gegeneinander. Ivanhoes müdes Ross und der nicht weniger erschöpfte Reiter stürzten, wie zu erwarten war, vor der wohlgezielten Lanze und dem starken Ross des Gegners zu Boden. Doch zum Erstaunen aller wankte auch Bois-Guilbert im Sattel, verlor die Steigbügel und fiel in die Schranken, obwohl Ivanhoes Lanze nur seinen Schild berührt hatte. Invanhoe befreite sich von seinem gestürzten Pferd, stand bald auf den Füßen und eilte, um seinem Glück mit dem Schwert nachzuhelfen, doch sein Gegner erhob sich nicht. Da setzte Wilfred ihm den Fuß auf die Brust und die Spitze des Schwertes auf die Kehle und befahl ihm, sich zu ergeben. Aber Bois-Guilbert gab keine Antwort mehr.

„Das ist wahrlich ein Gottesurteil", sagte der Großmeister und blickte zum Himmel. „Dein Wille geschehe!"

● *Gottesurteile sind in der Gegenwart undenkbar. Begründe!*

Die Kesselprobe
Das Gottesurteil des Zweikampfes, des Kesselfanges und des glühenden Eisens, Sachsenspiegel 14. Jahrhundert

Das haltet ihr nicht aus!

Die folgende Geschichte handelt im Jahr 1613 in der freien Reichsstadt Nördlingen. Die Loden aus Nördlingen sind in ganz Europa berühmt. Meister Kratzer webt, wie die meisten Meister der Stadt, mehr Loden als die Zunftordnung erlaubt. Ohne die zusätzlich gewebten Loden könnten die Meister nicht existieren, da ihre Einkommen gering sind. Meister Kratzer muss daher die offiziellen Bleisiegel der Stadt an den Tuchballen fälschen. Auch die Handelsherren, die von dem Betrug wussten, fürchten um ihren guten Ruf. Als Meister Kratzer droht, ihre verborgenen Machenschaften aufzudecken, drohen ihm Folter und Tod.

„Los! Mitkommen!" Der Knecht stieß Kratzer zur Tür. Er stolperte in den Gang. Dort hatte sich ein zweiter Knecht aufgebaut.
„Nichts da! Hier geht's runter!", sagte der, als Kratzer sich nach rechts, Richtung Ausgang, wendete.
Noch begriff Kratzer nicht. Erst als ihn die Knechte den niedrigen Gang entlang um mehrere Ecken führten, und sie dabei immer tiefer zu gelangen schienen, dämmerte es ihm: Ins Waagloch! Sie brachten ihn ins Waagloch, in das Folterloch!
Kratzers Magen verkrampfte sich und ihm wurde schlecht. Schwankend blieb er stehen. Er presste die Hände vor den Bauch und übergab sich.
„Mann!", sagte der Knecht hinter ihm und lachte. „Der kotzt ja schon, bevor's losgeht! Na, dich werden sie schnell weich haben!"
Das brachte Kratzer zu sich. Er richtete sich auf und ging weiter. Fieberhaft überlegte er. Wegen zwei gefälschter Loden eine peinliche Befragung? Unmöglich! Der Gehring wollte ihm Angst einjagen! Es war sogar die Regel, dass man Gefangenen, die lange leugneten, die Folterwerkzeuge zeigte. Viele gestanden dann, wie Kratzer wusste. Aber er nicht! Er würde sich nicht einschüchtern lassen!

Leinenweber – Lodenverkauf

Als Kratzer durch einen niedrigen Einlass gestoßen wurde, hatte er sich wieder gefasst. Beinahe neugierig sah er sich um. Dies also war das Waagloch, von dem die Leute schaudernd hinter vorgehaltener Hand munkelten! Furcht erregend war das nicht, was er im flackernden Schein zweier Fackeln erblickte: Zwei gewöhnliche Armstühle an der Wand neben dem Einlass, etwas entfernt davon ein Stehpult, auf dem ein Talglicht brannte und einige Hocker. Er ließ den Blick wandern, aber mehr konnte er nicht erkennen. Angestrengt starrte Kratzer in die Dunkelheit. Dort hinten, da mussten die Gerätschaften sein! Aber so sehr er sich mühte, er konnte sie nicht sehen. Er ging auf einen Hocker zu und wollte sich setzen. „Stehenbleiben!", schnauzte der Knecht, der vorhin gelacht hatte. „Rühr dich nicht, bis die Herren kommen!"

Kratzer brauchte nicht lange zu warten. Hinter einem mit einer Fackel vorausleuchtenden Knecht betrat der Ratsherr Gehring das Gewölbe, angetan mit pelzgefütterter *Schaube* und *Barett*. Klar, für einen Ratsherrn war es sonst hier zu kalt! Auf Gehring folgte der Ratsherr Ernst. Jetzt kam der Schreiber Ostertag. Er trug einen Kasten unter dem Arm und eilte sofort zum Pult, wo er Schreibzeug und Papier auspackte. Die beiden Ratsherren hatten sich in die Armstühle gesetzt.

Kratzer sah zum Eingang. Es kam niemand mehr.

Schweigend winkte Gehring, und einer der Knechte stellte einen Hocker vor die Ratsherren, drei Schritt von ihnen entfernt.

„Setzt Euch!" Kratzer ließ sich nieder.

Wieder winkte Gehring, und die Knechte verließen das Gewölbe, die Tür wurde geschlossen.

Gehring sagte zu Ostertag hinüber: „Ab jetzt protokollieren!" Dann sah er Kratzer an. „Meister Kratzer! Es erübrigt sich wohl, Euch zu sagen, warum Ihr an diesem Ort verhört werdet! Ich ermahne Euch in aller Form, heute im Guten zu bekennen! Andernfalls wenden wir Mittel an, die Euch die Zunge lösen! – Habt Ihr in zwei weiße Loden die Siegel eingenäht und diese dem Herrn Frickinger geliefert?"

Kratzer blickte ihm fest in die Augen. Langsam sagte er: „Ich bleibe dabei, weil es die Wahrheit ist: Ich habe zwei weiße Loden zum Kaufherrn Frickinger getragen. Aber die Siegel daran waren recht! Wenn zwei falsche Loden gefunden wurden, die ich gearbeitet haben soll, dann muss ein anderer mein ‚*Mal*' nachgemacht haben!" Und er fügte hinzu: „Dies ist meine letzte und letztendliche Aussage!" Er wusste, dass mit dieser Formel das endgültige Geständnis vor dem Urteil bezeichnet wurde.

Die Ratsherren verzogen keine Miene.

„Meister Kratzer!", sagte Gehring. „Ich ermahne Euch wiederum, die Wahrheit zu bekennen! Ich frage

Schaube
Mantelartiges Kleidungsstück
Barett
Schirmlose Kopfbedeckung, zur Amtstracht gehörig
Mal
Zeichen, hier: Siegel

„Hochnotpeinliches" Verhör

nochmals im Guten: Habt Ihr die Loden gefälscht? Ja oder Nein!"
„Nein!"
„Ostertag!"
Der Schreiber lief zur Tür und öffnete sie. Der Knecht mit der Fackel trat ein. Gehring zeigte in den Hintergrund des Gewölbes. „Leuchten!"
Der Knecht trat vor und hob die Fackel.
„Meister Kratzer! Erhebt Euch! Sagt, was Ihr dort seht!"
Langsam stand Kratzer auf und drehte sich um. Was er sah, ließ seinen Magen zusammenkrampfen und die Übelkeit wieder aufsteigen. Er biss die Zähne zusammen. Jetzt bloß keine Regung zeigen! Er hatte sich nicht vorstellen können, dass ihm dieser Anblick so zusetzen würde. Denn natürlich kannte er die Geräte – jeder kannte sie, auch wenn er sie noch nicht gesehen hatte! Aber es war etwas anderes, draußen davon zu reden, als ihnen hier im Waagloch gegenüber zu stehen. Kratzer verstand plötzlich, warum viele angesichts der Folterwerkzeuge gestanden! Er riss sich zusammen. „Die sind nicht für mich!", dachte er. „Die sind nicht für mich!", wiederholte er bei sich. Das half. Er entspannte sich.
„Nun, Meister Kratzer, was seht Ihr?"
Kratzers Stimme war ruhig, als er sagte: „Einen Stuhl sehe ich, mit den Daumenstöcken. Und unten am Stuhl – das sind wohl die Stiefel. Das Seil, das von der Decke hängt, ist zum Hochziehen."

„Ich merke, Ihr wisst Bescheid! Aber ich bezweifle, dass Ihr Euch vorstellen könnt, wie tauglich die Gerätschaften sind! Der Daumenstock...", sagte Gehrings Stimme. „Wisst Ihr, dass er sich so weit zuschrauben lässt, bis Euer Daumen dünn wie Papier ist? Nie wieder könnt Ihr beim Weben die Fäden knüpfen! – Und die Stiefel – damit werden Euch die Beine zerquetscht und gebrochen, dass Ihr den Rest Eures Lebens auf Knien rutscht!" Die Stimme wurde lauter. „Das Seil endlich – zum ‚Hochziehen' sagt Ihr? Richtig! Aber haltet Euch vor Augen, dass Eure Hände vorher auf dem Rücken zusammengebunden werden. Und dann wird man Euch hochziehen!" Die Stimme senkte sich. „Das haltet Ihr nicht aus, Kratzer! Das alles haltet Ihr nicht aus! Niemand hält es aus! –"

Und blitzschnell, noch während Gehring das sagte, hatte der Meister zwei Schritte getan, umklammerte Kratzer von hinten und riss ihn hoch. Gleichzeitig stieß er einen schrillen Pfiff aus. Die Tür flog auf, der Gehilfe des Meisters lief herbei und packte Kratzers Knie. Mehr verblüfft als entsetzt fühlte Kratzer sich hochgehoben und getragen, spürte dann einen harten Stoß im Kreuz, gewaltsames Zerren und Reißen an Armen und Beinen, und als er sich wehren wollte, um sich schlagen wollte, war es zu spät. Er war auf den Folterstuhl gebunden.

In den Halter neben dem Stuhl wurde eine Fackel gesteckt. Kratzer sah, dass seine Arme mit Lederriemen auf die Armstützen gefesselt waren. – „Nein, das sind ja keine Stützen", dachte er flüchtig. Dicht vor jeder Hand sah er Eisen – Schrauben und geriffelte Bügel. Sie waren braunrot. „Nein!", dachte er und bewegte den Kopf hin und her. „Nein! Nein! Das können sie nicht machen!" Und er sagte: „Nein! Nein!"

„Doch, Meister Kratzer!" Gehrings Stimme hallte durch das Gewölbe. „Ihr habt nicht auf mich hören wollen – jetzt ist es soweit! Gesteht, Kratzer! Wenn Ihr jetzt gesteht, lassen wir von Euch ab!"

„Von mir ablassen?", dachte Kratzer. „Von mir..." Und plötzlich wusste er es. Nein! Das würden sie nicht tun!.....

- *Warum ging man vom Gottesurteil zur „peinlichen Befragung" über?*
- *Hätte Georg Kratzer gestanden, hätte das etwas am Urteil geändert?*
- *Überlegt den Einfluss der Zünfte.*
- *Folter und Todesstrafe widersprechen in jedem Fall den Menschenrechten. Begründe!*

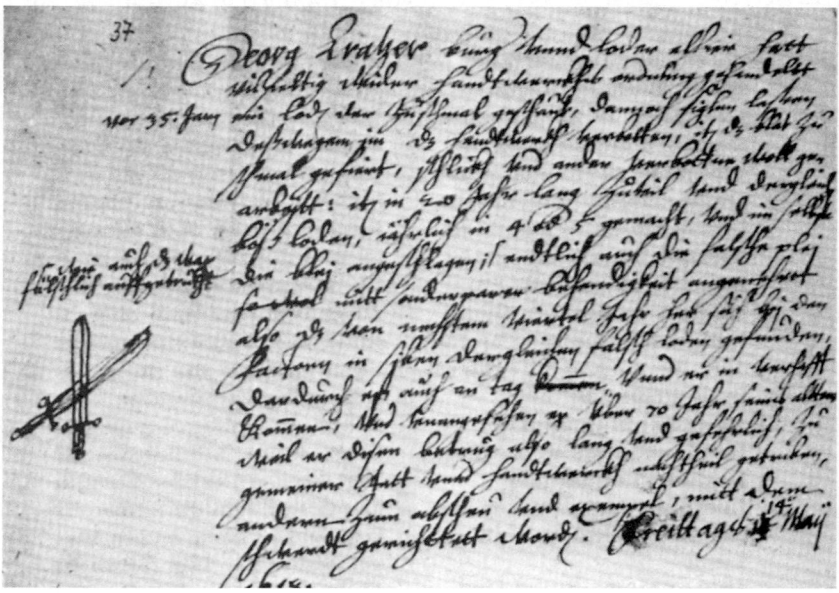

Todesurteil gegen Georg Cratzer, Loder, vom 14. Mai 1613. (Stadtarchiv Nördlingen, Urfehdebuch 1609 – 1613, Fol. 37)

Eine Stimme gegen den Hexenwahn

Der Jesuitenpater Friedrich von Spee (1591–1635) schrieb im 17. Jahrhundert ein Buch über die Hexenprozesse. Seine eigenen Erfahrungen als Hexenbeichtvater führten ihn dazu. Es wurde eines der bedeutendsten Werke gegen den Hexenwahn der Zeit. Hexenprozesse gab es schon im Mittelalter; sie steigerten sich an Umfang und Furchtbarkeit bis zu ihrem Höhepunkt im 17. Jahrhundert.
Eine der Ursachen war der berüchtigte „Hexenhammer", den zwei deutsche Dominikaner als „Anleitung zur Ausrottung des Hexengesindels" verfasst hatten. Die verworrenen Vorstellungen finstersten Aberglaubens brachten vielen unschuldigen Menschen großes Leid.
Erst die Aufklärung lehrte die Menschen eine neue Art zu denken.

Pater Friedrich an Pater Tannhofer:
den 17. Juli 1628

Hochverehrter Freund und Vater,
Ihr habt mich streng ermahnt, meinen Oberen williger zu gehorchen, das schädliche Grübeln zu vermeiden, das mich zu Zweifeln, ja zum Glaubensabfall führen könnte. Hochverehrter und lieber Freund, darin kann ich Euch nicht mehr folgen, und wenn Ihr auf dieser Forderung beharrt, so muss ich Euch in aller schuldigen Demut erwidern, dass Ihr nicht wisst, was Ihr von mir verlangt.
Ja, das ist es: Ihr wisst nicht genug, nicht aus eigener Anschauung, wie es in einer Stadt zugeht, die ganz und gar dem Hexenglauben verfallen ist. Ich wähle mit Bedacht das Wort „verfallen", ich könnte auch sagen: befallen oder verseucht. Denn nicht anders kommt es mir vor: Eine Krankheit des Geistes und Gemüts hat diese Menschen hier ergriffen, dass sie in allem, was sie nicht verstehen – und das ist vieles! –, ein Werk des Teufels sehen und in jedem Menschen, der ihnen missfällt, einen Teufelsgenossen. Das Übrige tut dann das Wundermittel der Folter. Ach, mein Vater, ich wollte, es bliebe mir erspart, Euch zu schildern, welche Einblicke ich seit meinem letzten Brief an Euch in das Wesen dieser Prozesse gewonnen habe!
Ihr sollt auch erfahren, dass ich mich in die Folterkammer gewagt habe, mehr als einmal. Ob mir gleich oftmals das Herz brechen wollte beim Anblick solcher Qualen, achtete ich doch genau auf alles, was vorging. Denn wie könnte ich der gerechten Sache besser dienen, als wenn ich nach größter Klarheit strebe in allem, was mein Amt angeht.
Und dies war das Erste, was ich erfuhr und mit eigenen Augen sah: Immer wieder hatte ich in den Proto-

Friedrich von Spee

kollen mit Verwunderung gelesen, wie viele Angeklagte die gräulichsten Hexereien schon gütlich und ohne *Tortur* eingestehen. Nun sah ich, wie solche Geständnisse zu Stande kommen. „Gütlich und ohne Tortur" heißt es noch, wenn Meister Conz dem Angeklagten die Foltergeräte und ihre grausame Anwendung beschreibt, wenn die Daumenschrauben die Finger blutig zermalmt haben, und auch noch nach Anwendung der Beinschrauben. Sogar, wenn der Angeklagte in der Pause zwischen zwei Folterungen gesteht, aus Angst vor Schlimmerem, hat er „gütlich und ohne Tortur" gestanden. Die schlimmeren Grade, die ich mit ansah, sind so furchtbar, dass ich nichts davon niederschreiben mag. Es sind solche Qualen, dass kein Mensch, ob schuldig oder nicht, ihnen widerstehen kann. Er muss alles bekennen, was von ihm gefordert oder ihm vorgesagt wird, ja, noch viel mehr.

Denn auch dies nahm ich wahr: Wenn einer faul ist im Bekennen und nicht die rechten Worte findet, vielleicht weil er nichts zu gestehen hat, so werden ihm Fragen vorgelegt, und aus Angst und Pein sagt er dann Ja zu allem. So kommen die gleichlautenden Geständnisse der Hexen zu Stande.

Hat einer aber unter Schreien und Jammern und halber Zurücknahme endlich genug gestanden, um das Todesurteil zu verdienen, so wird er weiter gefoltert, damit er Mitschuldige nenne. Auch deren Namen werden oftmals vorgesagt. Am Ende hat jede verurteilte Hexe, wenn sie sich auch noch so sehr sträubt, fünf, sechs und mehr des gleichen Lasters beschuldigt. Denen steht dann der gleiche Weg zum gleichen Ziel bevor. Wundert Ihr Euch noch, dass diese Prozesse ins Ungemessene wachsen und kein Ende finden?

Widersteht aber einer, hält die furchtbaren Qualen aus, ohne sich ein Geständnis entreißen zu lassen, so wird er nicht nach dreimaliger Tortur freigelassen, wie es des *Kaiser Karls V. Peinliche Halsgerichtsordnung* vorschreibt. Nein, er wird ohne Geständnis verurteilt und als unbußfertiger Sünder lebendig verbrannt. Denn nur der Teufel, sagt man, kann ihm die Kraft zu so unmenschlichem Widerstand geben.

Tortur
Folter, Marter

Kaiser Karls V. peinliche Halsgerichtsordnung
Das erste deutsche Gesetzbuch, das Strafrecht und Strafverfahren reichsrechtlich regelte. Halsgericht = Gericht über Verbrechen, auf die meist Todesstrafe stand.

Fragestätte

Hexenverbrennung
Geständige Hexen wurden meistens auf dem Scheiterhaufen verbrannt.

- Welche Gründe führt Pater Friedrich gegen den Hexenwahn an?
- Welche Gefahren sieht er für die Zukunft voraus?
- Informiere dich über die Grundrechte des Menschen (siehe S. 70) und überprüfe, welche Menschenrechte nach heutiger Auffassung bei den Hexenprozessen verletzt wurden.

Meine Worte mögen Euch hart, und was ich sage, übertrieben scheinen. Aber glaubt mir, ich übertreibe nicht. Die Schicksale, die ich hier täglich sich vollenden sehe, sind auch hart und werden nicht gelinder durch fromme Umschreibungen.

Auf eine Frage vor allem habe ich noch keine Antwort gefunden: Wie kann einer, der wirklich unschuldig ist, sich vor diesem Gericht reinigen und einen Freispruch erlangen? Auch der gelehrteste Richter und der frömmste Priester haben mir das bisher nicht sagen können. Ich fange an, zu fürchten, dass es überhaupt nicht möglich ist.

Ich kann unter Eid bezeugen, dass ich bis jetzt noch keine verurteilte Hexe zum Scheiterhaufen geleitet habe, von der ich mit Überzeugung hätte sagen können, sie sei wirklich schuldig gewesen!

Ich fange an zu begreifen, dass es ein großes Unrecht abzuwenden gilt. Betet mit mir, dass es gelingen möge, und entzieht nicht Eure Freundschaft

Eurem demütigen Pater Friedrich

Was ich schreibe, mein Vater, sind nicht zweiflerische Hirngespinste, sondern der wahre Hergang der Dinge, wie ich ihn selbst erlebt habe. Fragt Euch, was ich danach von diesen Prozessen halten soll! Ich gehe nicht so weit, das Vorhandensein von Hexen zu leugnen, und was mit ihnen zusammenhängt. Das aber sage ich offen und will dafür einstehen auf jede Weise, auch mit meinem Leben: Wenn es auf diese Art weitergeht, und nicht bald etwas geschieht, so wird in Kürze die Stadt so voller Hexen sein, dass keiner mehr übrig bleibt, die letzten zu richten.

„O Gott, es sind Teufel!"

Im Oktober 1641 herrschen Hunger, Elend und Furcht in dem kleinen Ort Eggebusch. Wer jünger als 23 Jahre ist, kennt keinen Frieden, nur Gesetzlosigkeit, verursacht durch den nicht enden wollenden Krieg (Dreißigjähriger Krieg 1618–1648). Die Menschen leiden, aber keiner weiß mehr, wer gegen wen kämpft.

„O Gott, es sind Teufel!", keuchte Christoph Markart. Fest legte er den Arm um seinen Sohn und presste ihn an sich. „Wenn ich nicht mehr bin, Jockel", flüsterte er, „versprich mir: Töte Mutter und Maria – bevor sie in die Hände dieser Wölfe fallen. Töte auch die Kleinen."

Jockel schüttelte wild den Kopf. „Niemals, Vater. Ich bring' alle in die Wälder. Nein, niemals!"

Der kräftige Mann verschloss mit den harten Fingerkuppen den Mund seines Sohnes. „Sei still! Du bist ein tapferer Junge. Lass nie zu, dass sie leiden müssen."

Jockel nickte.

Wieder schrie es gellend, diesmal aus der benachbarten Gasse.

Eine Frauenstimme! Das laute Grölen der Männer schwoll an, das Schreien wandelte sich zu einem qualvollen Röcheln.

Nur ein Stück näher platzten Tongefäße auf dem Pflaster, Holz zerbrach. Und immer noch das Röcheln der Frau, das langsam in dem grölenden Chor erstarb.

Jockel weinte. Die Wehrlosigkeit verzweifelte ihn.

„Still, Junge! Bitte, sei still! Sie dürfen uns nicht hören", flehte sein Vater.

Dann näherten sich die Fackeln – Reiter auf hohen Pferden. Da – jetzt hielten sie neben der Mauer an. Für einen Moment schien die Meute uneinig. Rufe. Antworten und Zögern. Entschlossen trieben die ersten wieder ihre Pferde an, dann die anderen – doch ein Soldat blieb bei der Mauer zurück und hielt die Fackel hoch.

Soldaten überfallen wehrlose Bauern.

Soldaten überfallen ein Dorf

- Sprecht über die Auswirkungen von Kriegen auf die Bevölkerung.
- Der Dreißigjährige Krieg begann als Religionskrieg und wurde später zu einem Kampf um Macht.
  Auch in unserer Zeit gibt es religiös-politische Konflikte. Sammelt Materialien dazu und sprecht darüber.
- Kriege verletzen die Menschenrechte. Besonders Kinder, die nie schuld an Kriegen sind, zählen oft zu den ersten Opfern. Versetze dich in die Lage Jockels.

Auf einen Zuruf hin setzte das Pferd über den niedrigen Wall.
Dicht pressten Jockel und sein Vater ihre Gesichter in den modrigen Dachschutz. Sie hörten das Schnauben des Gauls. Der Säbel klirrte, als der Soldat abstieg. Mit einem Tritt wurde die Tür aufgestoßen.
Stille.
Auf dem Lehmboden waren die Schritte nicht zu hören. Plötzlich: „He, Alte! Raus mit dir!"
Großmutter!
Unter Flüchen verließ der Reiter die Hütte. Jockel sah auf. Mit der einen Hand hielt der Söldner die Fackel hoch, die andere hatte den Kittel der alten Frau hinter ihrem Hals gekrallt.
„Wo sind deine Leute?!", schrie der Kerl und schüttelte die schmächtige Gestalt.
„Vaterunser, der du bist im Himmel!"
„He, wo sind sie?! Was habt ihr gerade gefressen?"
„Geheiligt werde dein Name!" Die zittrige Stimme war nicht zu unterbrechen.
„Hör auf!"
„Vergib uns unsere Schuld!"
„Aufhören!", brüllte der Mann.
„Wie wir vergeben unseren Schuldigern."
Die brennende Fackel schlug auf das Haupt der alten Frau. „Aufhören!" – Wieder, und wieder.
Zusammengesunken lag die Großmutter da.
Schon saß der Soldat wieder im Sattel, ließ das Pferd über die Mauer setzen und folgte seiner Mordbande.
Jockel wollte aufspringen, doch sein Vater presste ihn auf das Dach zurück. „Bleib liegen. Vielleicht kommen sie wieder", befahl der Weißgerber leise.
„Großmutter", stammelte Jockel.
„Sie ist tot." Der große Mann wischte sich langsam über die Stirn. „Schnell ist es gegangen – Mutter."
„Sie hat uns nicht verraten." Jockel blickte zu den kleinen Pechlichtern hinunter, die nacheinander verglühten.
Die Mütter nahmen ihre kleinen Kinder und wärmten sie, bis ihnen die Augen zufielen. Die Väter zogen das gerettete Vieh aus den Verstecken, und die Halbwüchsigen suchten in den verwüsteten Wohnräumen die Möbelstücke und Küchengeräte zusammen, die den Ansturm überstanden hatten.
Christoph Markart trug seine tote Mutter in die Werkstatt. Er bedeckte sie mit einem Schaffell, dann setzte er sich neben den Leichnam und blieb dort – unbeweglich und still.

Zwei Worte verbreiteten die Trommeln: Folter und Tod

Wissenschafter schätzen, dass zwischen 1520 und 1850 etwa acht bis zehn Millionen Sklaven in Amerika verkauft wurden.
Die 16-jährige Raisha und ihre Stammesangehörigen wurden 1733 in Afrika an einen Sklavenhändler verkauft und auf die Karibikinsel St. John, nahe Amerika, die damals zu Dänemark gehörte, verschleppt. Dort wird das Mädchen von der Frau eines reichen Plantagenbesitzers gekauft und erhält den Namen Angelika. Angelika hat „Glück" und wird Dienerin der reichen Frau. Ihre Stammesangehörigen jedoch müssen schwerste Arbeit auf den Plantagen verrichten. Die menschenunwürdige Behandlung schürt immer mehr den Widerstand der Sklaven.

Die Sonne stand steil am Himmel, als sechs Männer und ihre Leibsklaven von den Nachbarplantagen herangeritten kamen. Es war ein sehr heißer Tag. Ein Fässchen Bier wurde hereingebracht und alle tranken zunächst auf *Gouverneur* Gardelin und dann auf sich selbst.
Aus dem Kochhaus strömten wunderbare Gerüche. Ich half das Mittagessen auf den Tisch zu bringen. Alle waren viel zu hungrig, um dem Gouverneur richtig zuzuhören, der immer noch von den glücklichen Tagen in Dänemark schwärmte.
Bevor das Mahl zu Ende war, schickte Herr van Prok Dondo zu den Feldsklaven. Sie hatten um vier Uhr morgens mit der Arbeit begonnen und noch nichts gegessen. Dondo sollte ihnen mitteilen, dass sie zum Kochhaus kommen sollten, wo ein Schwein gebraten wurde.
Gut gelaunt strömten die Sklaven herbei. Sie versammelten sich ums Feuer und bekamen Scheiben vom gebratenen Schweinefleisch. Dann wurden sie in ihre Hütten geschickt und durften sich schlafen legen. Sie dankten dem Gouverneur und zogen singend davon.

Gouverneur
Höchster Regierungsbeamter – hier: einer Kolonie

Karte der Insel St. John 1733

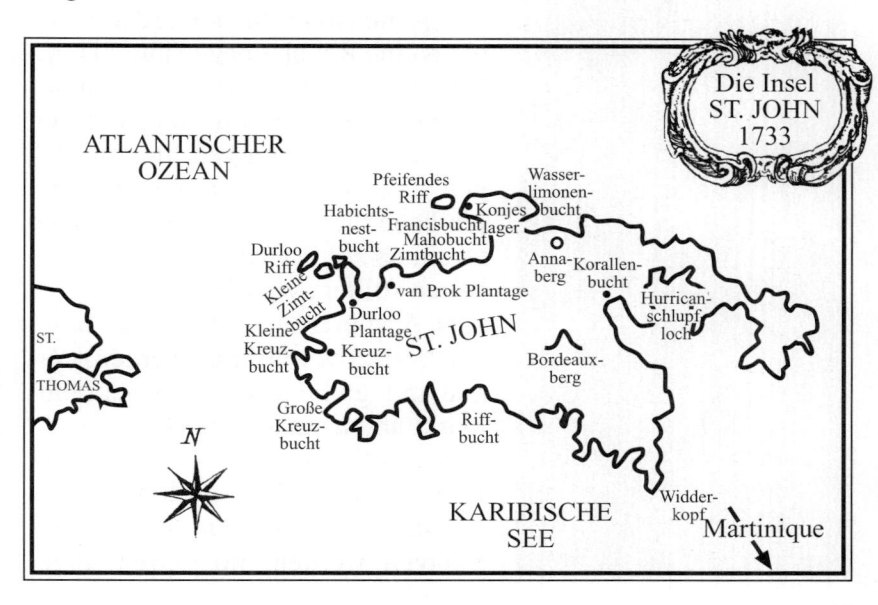

Pardon Gnade
Streiche Schläge

Angelika

Als es dämmerte, ließ Herr van Prok sie wieder zum Kochhaus rufen. Sie kamen und schauten sich um, ob noch mehr Fleisch zu erwarten war, Frauen, Kinder und Männer. Drei Männer waren bereits entflohen.

Die Pflanzer kamen aus dem Haus und setzten sich auf eine Steinmauer vor dem Kochhaus, ihre Sklaven stellten sich hinter ihnen auf. Mit der Bibel in der Hand trat auch Isaak Gronnewold heraus, dann Gouverneur Gardelin und Herr van Prok. Frau Jenna war auf ihrem Stuhl eingeschlafen.

Inzwischen war es Nacht. Zu beiden Seiten des Gouverneurs standen Sklaven mit Fackeln aus harzigem Holz. Er hielt ein Bündel Papier in der Hand.

„Apollo, der von dieser Plantage entlaufen ist, hat sich auf Marys Landspitze verkrochen und stiftet Unruhe", sagte Gouverneur Gardelin. „Er plant eine Revolte gegen alle Plantagen auf St. John. Ihm und allen anderen Sklaven zur Warnung, die sich versucht fühlen mögen, ihm zu folgen, habe ich neue Gesetze erlassen. Ich habe die alten Gesetze, die euch zu einem zivilisierten Benehmen anhalten sollten, verschärft."

„Die Anführer von entlaufenen Sklaven", las er vom Blatt, „werden dreimal mit glühenden Eisen gebrandmarkt und dann aufgehängt.

Jeder entlaufene Sklave wird ein Bein verlieren oder – wenn sein Eigentümer ihm *Pardon* gibt – dem Sklaven werden die Ohren abgeschnitten und er bekommt einhundertfünfzig *Streiche*."

Isaak Gronnewold unterbrach ihn. „Wenn diese Anordnungen durchgeführt werden, dann wird es auf der Insel St. John nur noch Krüppel, Sterbende und Tote geben."

Der Gouverneur brachte ihn mit erhobener Hand zum Schweigen und fuhr fort: „Jeder Sklave, der Kenntnis von anderen hat, die entlaufen wollen, und diese Information nicht weitergibt, wird auf der Stirn gebrandmarkt und einhundert Streiche erhalten.

Diejenigen, die Fluchtpläne melden, erhalten eine Geldprämie für jede einzelne verhinderte Flucht.

Ein Sklave, der sich weniger als eine Woche lang unerlaubt entfernt, wird einhundertfünfzig Streiche erhalten; wer bis zu drei Monaten wegbleibt, wird ein Bein verlieren; nach sechs Monaten hat er sein Leben verwirkt."

Diese fünf Gesetze waren neu.

Es herrschte Totenstille. Sogar die Kinder waren verstummt. An rot glühende Eisenzangen waren wir gewöhnt. Herr van Prok hatte für alle sichtbar eine dieser Zangen in der Zuckermühle aufgehängt. Und da war noch die Peitsche, die er immer mit sich führte, wohin er auch ging. Einhundertfünfzig Schläge würden auch dem stärksten Mann das Leben kosten.

Der Gouverneur fuhr fort: „Sklaven, die stehlen oder gestohlenes Gut annehmen oder entlaufene Sklaven un-

terstützen, werden gebrandmarkt und ausgepeitscht.
Ein Sklave, der die Hand gegen einen weißen Menschen erhebt oder einen Weißen mit Gewalt bedroht, wird dreimal gebrandmarkt und er wird entweder gehängt oder er verliert eine Hand – je nach dem Willen des betroffenen Weißen."
Gouverneur Gardelin machte erneut eine Pause, um einen Schluck Bier zu trinken.
„Das Zeugnis eines achtbaren Weißen gegen einen Sklaven ist ausreichend; im Falle eines Zweifels kann der Sklave der Folter ausgesetzt werden."
Eine Frau fing an zu weinen. Folter hatte es auf der Insel St. John bislang nicht gegeben.
Die Trommeln diesseits des Hügels begannen zu sprechen. Zwei Worte verbreiteten sie, Folter und Tod. Sofort wurden die Worte von den Trommeln auf der anderen Seite des Hügels aufgegriffen und dann auch vom Norden und vom Westen.
Der Gouverneur hielt inne.
„Sklaven dürfen weder mit Messern noch mit Knüppeln bewaffnet in die Stadt kommen, Sklaven dürfen nicht untereinander kämpfen. Wer dagegen verstößt, wird mit fünfzig Streichen bestraft.
Hexerei wird mit Auspeitschen bestraft.
Ein Sklave, der versucht, seinen Herrn zu vergiften, wird dreimal mit glühendem Eisen gebrannt und dann aufs Rad geflochten."

Die Trommel sagte: „Folter, Tod"
Dann nahm Konjes Trommel auf Marys Landspitze die Worte auf: „Folter, Tod, Folter, Tod . . ." Die Trommeln eroberten die Nacht.
„Ein freigelassener Neger, der einen Sklaven oder einen Dieb beherbergt, soll seine Freiheit und seinen Besitz verlieren, er wird ausgepeitscht und anschließend verbannt", sagte der Gouverneur.
„Alle Tänze, Feste und Spiele sind verboten, es sei denn, es wird eine Erlaubnis vom Herrn oder vom Aufseher eingeholt.
Ohne Genehmigung des Aufsehers dürfen Sklaven keinerlei Vorräte verkaufen.
Kein Plantagensklave darf nach dem *Zapfenstreich* in der Stadt bleiben. Sonst wird er auf die Festung gebracht und dort ausgepeitscht.
Der Stellvertreter des Königs ist angewiesen, dafür zu sorgen, dass diese Anordnungen ausgeführt werden. Und ich, Philip Gardelin, werde als Stellvertreter des Königs dafür sorgen, dass sie sorgfältigst ausgeführt werden, so wahr mir Gott helfe!"
Er reichte die Bögen seinem Leibsklaven, nahm sein Schwert aus der Scheide und hielt es über seinen Kopf. Das Schwert blinkte im Schein der Fackeln.
Herr van Prok war glücklich über die neuen Gesetze. „Eure Gesetze sind das, wofür wir gebetet haben", sagte er. „Viele Gebete sind erhört worden. Seid gepriesen, Gouverneur Gardelin."

Zapfenstreich
Abendliches Signal

- Wären die Menschenrechte schon 1733 erklärt worden, gegen welche Rechte wurde in dieser Geschichte verstoßen? (siehe S. 70)
- Vergleiche die Lebensweise eines Weißen und eines Sklaven nach folgenden Gesichtspunkten: Rechtsstellung, Beschäftigung, Tagesablauf . . .
- Welche Auswirkungen hatte das Aufbegehren der Sklaven?

Ein Mann sucht die Freiheit...

In dieser Erzählung werden Erlebnisse des Schriftstellers Johann Gottfried Seume (1763–1810) festgehalten. Er erlebte die Unfreiheit in „Deutschland" (eigentlich Hl. Römisches Reich) in der zweiten Hälfte des 18. Jahrhunderts, den Amerikanischen Unabhängigkeitskrieg und die Französische Revolution.

Deutschland im 18. Jh.

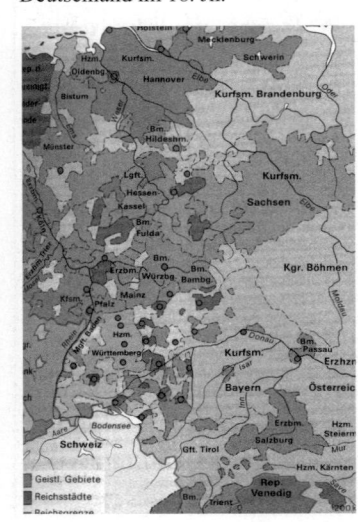

Zu der Zeit, als in „Deutschland" die Fürsten mit großer Macht über ihre Untertanen herrschten, erkämpften sich die Bewohner der englischen Kolonien in Nordamerika ihr Recht auf Freiheit und Selbstbestimmung. Sie sagten sich von England los und erklärten ihre Unabhängigkeit. Sie wollten frei sein und sich selbst regieren. Denn Gott habe alle Menschen mit gleichen Rechten geschaffen, also stehe es auch dem Volke zu, das eigene Land zu regieren, anstatt nach Gesetzen leben zu müssen, die in London beschlossen worden waren.

England aber antwortete mit Waffen auf die Erklärung der Nordmerikaner und führte acht Jahre lang zu Wasser und zu Land Krieg gegen die Aufständischen.

Damals lebte in Leipzig ein junger Student, Johann Gottfried Seume. Sein adliger Grundherr hatte befohlen, dass er Pfarrer werden sollte. Seume fügte sich, denn seine Mutter lebte in großer Armut. Sein Vater hatte ein kleines Bauerngut besessen. Wohl war er nicht einem Herrn leibeigen, aber auf dem Bauernhof lagen schwere Lasten. Er musste für den Grundherrn viele Frondienste leisten.

Daneben musste er sein eigenes Land bewirtschaften. Das ging über die Kräfte des Bauern und er starb früh.

Der junge Seume hörte vom Freiheitskampf der Amerikaner und er war voll Begeisterung für alle Menschen, die sich gegen die Gewalt auflehnten. Auch er wollte frei sein und hingehen, wohin er wollte, und denken, was er wollte. Darum floh er 1781 eines Nachts aus Leipzig. Jenseits der vielen Grenzen, die „Deutschland" in 300 Fürstentümer und 1500 kleinere Herrschaften zerteilten, wollte er sein Glück versuchen. In Frankreich hoffte er, Offizier zu werden, denn im damaligen Reich gelang dies fast nur den Adeligen.

Er wanderte durch Thüringen und Sachsen und kam am vierten Tag in das Gebiet des Landgrafen von Hessen. Fröhlich ging er auf der Straße nach Frankfurt dahin und freute sich seiner Freiheit. Plötzlich stürzten aus einem Wachhaus hessische Soldaten heraus. Sie umringten ihn, hielten ihn fest und verlangten seine Ausweise. Als sie sahen, dass er ein Landfremder war, zerrissen sie seinen Studentenausweis und schleppten ihn, soviel er sich auch wehrte, zu der Festung Ziegenhain.

Mit der Freiheit war es nun hinter den dicken Festungsmauern aus und mit dem Wunsch, Offizier zu werden, erst recht. Jetzt war er hessischer Rekrut, und die ihn eingefangen hatten, waren Werber, die der hessische Landgraf ausgeschickt hatte, damit sie mit List, Betrug und Gewalt landfremde Reisende aufgriffen.

Diese Männer verkaufte der Landgraf an den englischen König. In Amerika mussten sie dann für den König gegen die Aufständischen kämpfen. Für diesen Menschenhandel erhielt der Landgraf viele Gulden, die er in seinem prächtigen Schloss zu Kassel verprasste.

Bis zum nächsten Frühjahr blieb Seume mit seinen Leidensgefährten in Ziegenhain. Täglich wurden Neuangeworbene zu ihm in die Verließe gestoßen. Auch ein Mönch aus Würzburg war dabei, der wahrlich nicht zum Kriege taugte. Einmal wagten die Gefangenen einen Ausbruch, doch sie wurden erwischt und zum Tode am Galgen, oder zum Spießrutenlaufen verurteilt. Da erkannte Seume, dass alles Aufbegehren nichts half, und er versuchte sein hartes Los wie ein Mann zu ertragen. Als genug Soldaten zusammengebracht waren, marschierten sie unter strenger Bewachung nach Kassel und an die Weser, von dort fuhren sie auf großen Kähnen den Fluss hinunter bis nach Bremerhaven. Auf einer Wiese musste das buntgewürfelte Soldatenvolk antreten, denn ein Gesandter des englischen Königs erschien und musterte mit Falkenaugen die Menschenware, die ihm der Landgraf verkaufen wollte. Der Engländer war zufrieden und ließ die neuerworbene Fracht auf die Transportschiffe packen, die im Hafen bereit lagen. Am nächsten Tag stachen die Segelschiffe in Begleitung einer Kriegsflotte ins Meer.

Seume war froh, dass er am Morgen aus seinem Bretterverschlag kriechen konnte, wo die Soldaten die Nacht zusammen verbringen mussten. Jetzt ging sein Blick frei übers Meer und niemand war über ihm als der Himmel. Das Meer wogte und warf die Schiffe wie Spielzeuge auf und nieder.

Die Vertreter der englischen Kolonien in Nordamerika erklären auf dem Kongress in Philadelphia 1776 ihre Unabhängigkeit. (Gemälde, 2. Hälfte des 18. Jh.)

Flagge Nordamerikas 1776

Grütze
Grieß
Graupe
Gersten- oder Weizenkorn als Suppeneinlage

Viele Soldaten wurden seekrank und lagen halbtot auf dem Verdeck. Seume liebte die frische Luft und die wilde See und blieb gesund. Er war durch seine Lust am Wandern an Wind und Wetter gewöhnt, und die Entbehrungen und die schlechte Kost auf dem Schiff konnten ihm nichts anhaben. Es gab Erbsen mit Speck, dann Speck mit Erbsen, am andern Tag peas and pork und darauf pork and peas. Manchmal aßen sie *Grütze* oder *Graupen* mit Schiffsbrot, in dem die Maden krochen. Das Trinkwasser war stark geschwefelt und faulte in großen Bottichen.

Viele Soldaten starben und wurden in einem Seesack im Meer versenkt. 22 Wochen lang segelten die Schiffe unter Sonne und Sturm auf dem Meer.

Endlich war die lange Seefahrt zu Ende. Unter dem Freudengeschrei der Besatzung fuhren die Schiffe in die Bucht von Halifax, im Norden Amerikas. New York war schon in den Händen der Aufständischen. Die neuen Truppen mussten warten, bis sich die Kriegslage für die Engländer wieder besserte und sie zu ihren Regimentern stoßen konnten. So blieben die Soldaten in Halifax und schlugen auf dem öden und felsigen Ufer ihre Zelte auf.

Seume war beliebt bei seinen Vorgesetzten. Er konnte gut mit der Feder umgehen, besser als mit dem Gewehr, und schrieb im Offizierszelt lange Listen und Militärberichte. Daneben fand er Zeit, in seinen lateinischen Büchern zu lesen, die er von Leipzig her noch in seinem Ranzen hatte. Wenn er vor seinem Zelt saß und über das weite Meer schaute, schrieb er seine Gedanken in vielen Gedichten nieder.

Die Stadt Halifax lag am Abhang eines Berges. Niedrige Holzhäuser, vor dreißig Jahren von den ersten Kolonisten errichtet, scharten sich um eine englische und eine deutsche Kirche. In der Stadt wohnten wohl 6 000 Menschen, die einst aus Europa gekommen waren, um hier frei leben zu können, nach ihrem eigenen Glauben, der im Mutterlande nicht geduldet wurde. Die Indianer mussten vor den Einwanderern weichen. Nun hausten sie tief in den Wäldern. Hin und wieder ruderten sie in leichten Booten aus Birkenrinde von ihren entlegenen Siedlungen zur Stadt und tauschten ihre Jagdbeute gegen spanische Taler und Feuerwasser ein. Dann waren die großen, schlanken Indianer ohne Misstrauen und voll Freundlichkeit den Weißen gegenüber. Seume lernte ihre Gutmütigkeit und Hilfsbereitschaft kennen, wenn er in den großen Wäldern auf der Jagd war und abends mit den Indianern vor ihren Erdhütten saß und überm Feuer das Fleisch der Elche briet.

Die Zeit verstrich mit Übungen und Märschen, aber die Engländer ließen sich nicht blicken. Einmal klang von fern Kanonendonner herüber, doch zum Kampfe kam es nicht mehr. Die Amerikaner hatten die Engländer schon zurückgeschlagen und siegten unter ihrem General Washington. Die Engländer verloren die meisten Kolonien, nur Kanada verblieb ihnen. Im Frieden, der in Versailles geschlossen wurde, erkannten sie die Unabhängigkeit der 13 Kolonien an. In Halifax wurde zum Aufbruch geblasen. Die Soldaten bestiegen wieder die Schiffe und nach 23 Tagen liefen 200 Segler im Nordseekanal ein. Darunter waren auch zwei Schiffe, die stolz die neue freie Staatenflagge führten, zum sichtbaren Zeichen für die englische Niederlage.

In Bremerhaven sollten die Soldaten wieder auf die Weserkähne verfrachtet werden. Der hessische Landgraf wollte zum zweiten Mal an den Menschen verdienen; da hatten die Soldaten Angst, dass man sie in Minden dem preußischen König verkaufte. Als man sie über den Marktplatz führte und die Leute mitleidig den Soldaten nachschauten, rannte Seume blitzschnell aus der Marschkolonne und tauchte im Gewühl der Stadt unter.

Seume lief zur Weser, die das Bremer Gebiet vom Herzogtum Oldenburg trennte. Bevor ihn die hessischen Jäger einholen konnten, sprang er in einen Kahn, der am Ufer lag. Die Schüsse der Verfolger peitschten über den Fluss, aber ein mutiger Fischer ruderte geschwind den atemlosen Seume zum anderen Ufer.

Der Herzog von Oldenburg schenkte Seume die Freiheit und erlaubte ihm, zu seiner Mutter zurückzukehren. Über die Freude, dass er nun frei von den Hessen war, hatte er jedoch vergessen, die hessische Uniform auszuziehen. Und als er durch einen Zipfel preußischen Gebietes kam, hielten ihn die Preußen an und schleppten ihn als hessischen Deserteur nach Emden ins Gefängnis. In einer kalten Winternacht versuchte er zu fliehen, aber seine Kräfte verließen ihn, und halberfroren wurde er zurück nach Emden gebracht und in Ketten geworfen.

Am nächsten Tag wurde er zum Spießrutenlaufen verurteilt. Noch halbtot stand er vor der Gasse, die die Soldaten gebildet hatten. Sie hielten Weidenruten in der Hand und mussten nun mit aller Gewalt auf den nackten Rücken Seumes schlagen. Doch da gebot der Offizier plötzlich Einhalt. Seume wurde begnadigt, weil man Mitleid mit dem Manne hatte, der nur die Freiheit suchte und nichts verbrochen hatte, als dass er sein Vaterland liebte und die vielen Grenzen hasste, durch die es zerrissen war.

Endlich aber gelang ihm die Heimkehr nach Sachsen. Ein Bürger aus Emden erwirkte einen Urlaub für den Gefangenen und bezahlte zur Sicherheit für Seumes Rückkehr nach Emden 80 Taler. Seume kam nie mehr zurück, aber er schickte dem Manne, der für ihn gebürgt hatte, von seinem ersten verdienten Geld die 80 Taler.

Während Seume nun in Leipzig wei-

43

- *Gegen welche Ungerechtigkeiten lehnte sich Seume auf?*
- *An welchen für die Entwicklung der Menschenrechte bedeutsamen Ereignissen nahm Seume teil?*
- *Was weißt du über das Schicksal der Indianer?*

terstudierte und sein Examen als Magister ablegte, brach in Frankreich die große Revolution aus. In Deutschland herrschten noch immer die Fürsten, da forderten die Bürger von Paris für alle Franzosen Freiheit, Gleichheit und Brüderlichkeit. Sie rotteten sich zusammen und öffneten die Gefängnisse, in denen die Gefangenen des Königs lagen. Dann forderten sie eine Staatsverfassung, nach der sich auch der König zu richten hatte. Lange verhandelte man in Paris darüber. Die Revolution wurde immer blutiger. Viele Adelige mussten das Schafott besteigen und auch der König und die Königin starben unterm Fallbeil. 1795 hatte das Volk alle Macht in Frankreich und die Republik wurde ausgerufen.

Seume blieb nicht länger in Leipzig. Er gab den Sprachunterricht auf, mit dem er sich seinen Lebensunterhalt verdiente. Er kam nach Russland und war kurze Zeit Leutnant in der russischen Armee. Die Wirren des damaligen polnischen Krieges trieben ihn wieder nach Leipzig zurück. Aber nicht lange hielt es ihn in der Heimat. Bis nach Sizilien und Skandinavien wanderte Seume, der niemandem untertan sein wollte und keinen Ehrgeiz hatte ein hohes Amt zu bekleiden. Er schrieb seine Erinnerungen auf und übersetzte Bücher in fremde Sprachen. Von seiner letzten Reise aber kam er nicht zurück. In einem Badeort am Rande des Erzgebirges suchte er Heilung von einer schmerzhaften Krankheit. Doch es war schon zu spät. Im Juni 1810 starb er in Teplitz.

Sturm auf die Bastille. 14. Juli 1789, zeitgenössisches Aquarell

Der Kaiser als Bauer

Bei seinen Auslandsreisen hatte Joseph II. bedeutende Aufklärer kennen gelernt und war ein begeisterter Anhänger ihrer Ideen geworden.

Ungläubig glotzt der Knecht Jan Kartos am 19. August 1769 auf den Acker seines Bauern. Hat er wirklich gesehen, wie Kaiser Joseph persönlich mit seinem Pflug eine Furche gezogen hat? Er hat.

Die Geschichte vom Kaiser, der den Acker pflügt, spricht sich rasch herum. Sie ist ein weiterer Beweis dafür, dass Kaiser Joseph II. ein frei denkender Mensch ist.

Am 1. November 1781 erlässt er das „Untertanen-Patent". Darin erlaubt er, dass alle heiraten dürfen, wen sie wollen. Außerdem dürfen sie wohnen, wo sie wollen. Einzige Bedingung: Sie müssen auf einem Formular angeben, wo. Heute ist das ähnlich: Jeder Österreicher muss auf einem „Meldezettel" seine genaue Adresse angeben. Weiters dürfen laut „Untertanen-Patent" alle lernen, was sie wollen – sofern sie die Schule besuchen. Im selben Jahr verbietet Joseph II. die Todesstrafe. Außerdem dürfen in Österreich durch das „Toleranzpatent" alle der Religion angehören, der sie angehören wollen.

Diese Gesetze bewirken, dass die Österreicher mehr als früher für sich verantwortlich sind. Vorher haben die Adeligen alles befohlen: den Wohnort, den Ehemann, sogar die Religion. Dafür haben sie ihre Untergebenen mit Geld und Essen unterstützt. Mit den neuen Gesetzen muss jeder für sich selber sorgen. Joseph II. ist nicht der einzige Mann in Europa, der auf solche Ideen kommt. Es sind ihrer viele – man nennt diese Zeit heute „Aufklärung". Eine lustige Auswirkung hat die „Aufklärung" in Österreich bis heute: Joseph II. öffnet seinen privaten Wald für alle. Der Wald heißt Prater, und als er 1766 das erste Mal für alle zugänglich ist, herrscht ein Riesenandrang. Es gibt Kegelbahnen, Puppentheater, Schaukeln, Kaffeehäuser und Eisbuden. Das Riesenrad freilich, heute das Wahrzeichen des Praters, steht erst seit 1873.

- Gestalte mithilfe der Darstellung und der Grafik ein Plakat zu den neuen Gesetzen Josephs II. und beschreibe Auswirkungen auf die Bevölkerung.
- Aus dieser Zeit stammt auch der Ausspruch Friedrichs II. „In den Gerichtshöfen müssen die Gesetze reden und der Herrscher schweigen." Was bedeutet diese Aussage?

Joseph II. führt den Pflug.

Ihr habt drei Wochen Zeit!

Immer wieder mussten Menschen aus politischen, religiösen oder wirtschaftlichen Gründen ihr Land verlassen.
1845 gehörte Irland, gegen den Willen seiner fast neun Millionen Bewohner, zum Vereinigten Königreich von Großbritannien. Die meisten Iren waren so arm, dass sie sich ausschließlich von selbst angebauten Kartoffeln ernähren mussten. Ihre Felder aber gehörten englischen Landlords, die ihre Pacht eintrieben, gleichgültig, ob es gute Ernten oder Missernten gab. In den Jahren 1845, 1846 und 1848 vernichtete die Kartoffelfäule die Ernte in Irland fast vollständig. Mehr als eineinhalb Millionen Iren starben zwischen 1845 und 1851 an Hunger und über zwei Millionen Menschen wanderten vor allem in die Städte Nordamerikas aus.
Ein weiterer Grund für die Abwanderung war, dass die englischen Landbesitzer sich auf Schafzucht und Getreideanbau umstellten, um ihre Einkünfte wieder zu sichern.

Irisches Bauernhaus mit Stroh gedeckt

Sie legten einen Montag für ihre Abreise fest. Ein letztes Mal wollten sie die Sonntagsmesse besuchen und den Sonntagnachmittag mit ihren Familien verbringen. Anschließend wollten sie aufbrechen.

Doch am fraglichen Montag tauchten in aller Herrgottsfrühe Blackstaff und Garrett mit ihren Männern auf. Sie kamen mit ihren Pferden ins Tal geritten und rissen die Pächter aus dem Schlaf.

Die schlafenden Menschen, geschwächt vom Hunger und müde vor Sorgen, hatten gewusst, dass sie kommen würden. Schließlich waren sie vorgewarnt worden. Trotzdem traf ihr Kommen sie unvorbereitet.

Drei Wochen war es her, seit Garrett verkündet hatte, die Pachten seien fällig und sie hätten das Geld aufzutreiben, egal wie. Als die Menschen sich beschwerten, dass sie nichts zum Verkaufen hätten und ihm auch sonst nichts geben könnten, hatte er sie mit erhobener Hand zum Schweigen gebracht. „Ihr habt drei Wochen Zeit! Wenn ihr bis dahin nicht bezahlt, müsst ihr verschwinden!"

Garrett ging methodisch vor. Er fing unten im Tal an und arbeitete sich Haus um Haus vor, bis er das ganze Dorf abgeklappert hatte. Kein einziger Pächter konnte die fällige Pacht bezahlen. Seine Miene wurde im Laufe des Morgens zusehends finsterer. Nicht ein Penny Pacht ging ein, der seinen Geldbeutel schwerer gemacht hätte.

Schließlich gab Blackstaff Garrett ein Zeichen, der daraufhin hoch zum Zugang des Tals ritt und auf dem höchsten Punkt anhielt. Dann drehte er sich zu den Häusern um und kam mit sechs, sieben Polizisten auf robusten Pferden im Gefolge wieder ins Tal geritten. Vom Sattel herab schwangen sie Gewehre, Lassos und andere Waffen.

Der Trupp nahm sich das erstbeste

Not in Irland. Ein verarmter Pächter wird vom Grundherrn mit Unterstützung von Soldaten von seinem Hof vertrieben. (Holzstich um 1840)

- *Verfasse einen Zeitungsartikel über die soziale und wirtschaftliche Situation in Irland Mitte des 19. Jahrhunderts.*
- *Fasse Auswanderungsgründe zusammen und ermittle, welche sozialen Gruppen sich für die Auswanderung entschieden haben. Stelle gegenüber: damals – heute.*
- *Warum bevorzugten Auswanderer im 19. und Anfang des 20. Jahrhunderts Amerika als Einwanderungsland?*

Gebäude vor. Einer der Männer stieg vom Pferd und ging zur Tür des Lehmhauses. Er rief den Pächter heraus, der sich darin verkrochen hatte. Als klar war, dass der sich nicht blicken lassen würde, traten zwei Polizisten näher. Sie reichten ihren Kollegen die Zügel und drangen ins Haus ein. In wenigen Sekunden war es geräumt. Zuerst wurden der Pächter und seine Frau herausgezerrt, dann ihre neun Kinder. Sie weinten und schrien vor Angst und Wut.

Sobald das Haus leer war, zertrümmerten Blackstaffs Männer es mit Äxten und Holzhämmern. Sie schlugen auf die Wände und Stützbalken ein, bis sich das Dach zu neigen begann. Weil die Türpfosten sich als zu stabil erwiesen, spannten sie ein Pferd an. Dem Tier gelang es ohne Mühe, die komplette Tür aus dem Boden zu ziehen und sie mitsamt einem großen Teil der Vorderseite zum Einsturz zu bringen. In wenigen Minuten war das ärmliche Gemäuer dem Erdboden gleichgemacht. Nur das Dach aus Lehm, Zweigen und Stroh blieb mehr oder weniger unversehrt auf den zertrümmerten Überresten der Mauern liegen, die es einst geschützt hatte.

Garrett trat mit einer Fackel, einem dicken Ebereschenzweig, in der Hand näher. Der Zweig war mit Lumpen umwickelt, die sie in Teer getaucht hatten. Er brannte lichterloh und die züngelnden Flammen verbreiteten einen schwarzen Qualm. Sofort stand das Strohdach in Flammen. Die Gluthitze setzte alles übrige Brennbare ebenfalls in Brand. Der Haufen von Schutt, in dem einmal elf Menschen gelebt hatten, wurde ein Raub der Flammen und sank allmählich in sich zusammen.

Einige der Augenzeugen schwiegen, andere tobten vor Zorn. Aber sie unternahmen nichts gegen Blackstaffs Männer und den Trupp von Polizisten.

Kate, Tom und Liam standen irgendwo zwischen der ersten zerstörten Hütte und ihren eigenen bedrohten Häusern. Es war windstill und klar geworden.

Liam blickte sich nach dem Haus seiner Familie um, vor dem seine Eltern Posten bezogen hatten. Blackstaffs Männer und die Polizisten waren zusammen zwölf Mann, nicht so viele, als dass sie in einem ordentlichen Kampf nicht zu vertreiben gewesen wären. Aber sie waren bis an die Zähne bewaffnet. Sie trugen Hämmer und Äxte bei sich, hatten Pistolen im Halfter und an den Satteltaschen einiger Pferde waren Gewehre festgeschnürt . . .

Kindermarkt ...

Im März hatte Kooperator Schwingshackl die Aufgabe, mit Tiroler und Vorarlberger Kindern zum Kindermarkt in Ravensburg zu ziehen. Im Herbst ging es wieder zurück in die Heimat.

Als Schwingshackl am Morgen aus dem Stall trat, um sich am Brunnen zu waschen, war das Wetter so, wie er befürchtet hatte: ein kalter, windiger Tag mit schnell dahinziehenden Wolken. Im Augenblick regnete es nicht.
Zum Abschied gab es für die Kinder ein Schüsselchen warme Milch mit eingebrocktem Brot. Ein Essen, das sie für das unberechenbare Wetter rüstete. Als sie dann auf dem Weg waren, mochte keiner richtig froh sein. Der *Kooperator* war ein guter Mann, er hatte sie geführt und beschützt, Nachsicht und Verständnis gezeigt, zudem sprach er ihren Dialekt und war noch immer ein Stück Heimat für sie. Ab heute würde alles anders sein. Ein fremder Mann, eine fremde Frau, ein fremder Dialekt, in dem sie nicht daheim waren.
Den Kindern fiel auf, dass nicht nur schwere Fuhrwerke der Stadt zustrebten, sondern auch manch flotter Bauernwagen, in dem ein Bauer mit seiner Frau saß.
„Seht", rief Schwingshackl, „die fahren euretwegen auf Ravensburg! Schon mustern sie euch. Na, ihr werdet alle einen Bauern finden, wenn ihr nachher nit zu dumm dasteht. Und wenn euch einer was fragt, dann immer schön in die Augen schauen, damit man gleich merkt, dass ihr offen und ehrlich seid."
Plötzlich brauste ein Regenguss über die Felder. Uns bleibt wirklich nichts

Kooperator
Katholischer Hilfsgeistlicher

Schwabenkinder auf dem beschwerlichen Weg

erspart, dachte Schwingshackl. Er warf einen Blick in Richtung Sebastian, der den linken Fuß besonders hoch hob, weil die Schuhsohle schon herunterhing. Offensichtlich hatte er das Stück Bindfaden verloren, mit dem er ihm die Sohle am Oberteil angebunden hatte. Oder der Faden hatte sich durchgescheuert und war im Straßendreck liegengeblieben.

Und dann sahen sie vor sich die Stadt. Einen Kranz von Dächern und Türmen, Rauch stieg aus den Kaminen, Glockenklang wurde vom Wind herübergeweht. Heilige Maria, Mutter Gottes, hilf, dass ich nette Leut find, betete Burgl stumm. Lass mich nit im Stich. Ich will dafür immer brav und ehrlich sein.

Eine alte Frau hatte das Fenster geöffnet und sah mit ihrer wohlgenährten Katze auf die Kinder herab. „Nur geradeaus", rief sie, „zur Bachgass. Vorm Gasthof Krone ist er, der Kindermarkt."

Die Wanderwege der Schwabenkinder von Tirol und Vorarlberg nach Oberschwaben

„Kindermarkt, Obst- und Gemüsemarkt, Viehmarkt, Sklavenmarkt", schimpfte Schwingshackl in sich hinein. „Wenn sie auch im Herbst zu ihren Eltern zurückkehren, eine Schand ist es und bleibt es. Und eine Schand ist's, dass ich da mittu. Herr Gott, verzeih mir."

Da standen schon einige Bauern, die Hände in den Hosentaschen und musterten prüfend die Kinder.

Oh, mochte manch einer denken, viel kleines Zeug darunter, aber der große dort, der wär schon recht. Wenn er nicht viel mehr als Gewand, Kost und Quartier verlangt, dann kauf ich ihn mir.

Den Gasthof zur Krone rochen sie schon von weitem.

„So", rief Schwingshackl, „wir sind da. Stellt euch schön hin und versperrt den Eingang zur ‚Krone' nicht, damit die Leut ein- und ausgehen können."

Sebastian lehnte sich müde an die Mauer, deren Kälte er durch seine dünne Joppe sofort spürte. Rechts neben ihm standen Burgl und Schorsch.

Die Bauern zeigten zunächst wenig Interesse an den Kindern, sie taten, als ob sie auf einen Schluck Bier ins Wirtshaus gehen wollten und überrascht waren, hier so viele heruntergekommene Kinder zu sehen. Andere kamen aus der Wirtsstube heraus, als wollten sie nur schnell nach dem Wetter sehen.

„Heiliger Leonhard", betete Schorsch, der das nie zugegeben hät-

te. „Heiliger Leonhard, du hast es mit den Rössern, schau, dass ich wo hinkomm, wo es ein paar schöne gibt."
Sebastian hielt die Augen geschlossen, er fürchtete sich vor den prüfenden Blicken der Bauern, die taten, als würden sie die Kinder nicht bemerken.
Und da blieb schon der erste stehen, direkt vor Schwingshackl.
„Habt Ihr alle gut herbracht oder sind Euch ein paar gestorben? Wär ja kein Wunder bei dem Weg."
„Gott sei Dank keines."
„Soll ein schlimmer Winter gewesen sein im Gebirg."
„Schnee bis zuletzt", bestätigte Schwingshackl. „Bis kurz vor dem Bodensee."
„Hm." Der Bauer machte einen tiefen Zug aus der Pfeife, prüfte wieder den Himmel und fand, dass die Schwalben auch bald kommen müssten. „Sind schon welche gekauft?", fragte er dann mit veränderter Stimme. „Ich such ein Büble, der mir mit die Küh hinausgeht und auch sonst gut zupacken kann."
Schwingshackl wies sofort auf Sebastian, der erschreckt den Bauern anstarrte. „Der hier", pries er Sebastian an, „der ist mit hohem Fieber weitermarschiert."
„Der schaut aber aus wie der Heiland am Kreuz."
„Ein paar Tag und er ist wieder ganz gesund. Das hat sogar der Doktor in Tettnang gesagt."
„Einer, der gesund ist, ist immer besser als einer, der erst gesund wird."
Der Bauer nahm den Schorsch aufs Korn.
„Bin schon kauft", stieß der Schorsch schnell hervor. Kühe hüten wollte er nicht gern. Er wollte mit Pferden zu tun haben.
Der Bauer ging schnell weiter, denn inzwischen war er nicht der einzige. Ein riesiger Mann war von seinem Wägele heruntergestiegen und schaute auf Schorsch und einen anderen gleich großen Buben, den Moritz. „Na, wie schaut's aus mit euch?", fragte er. „Wer von euch ist der Stärkere?"
„Ich!", riefen Moritz und Schorsch gleichzeitig.
„Das sagt sich so leicht. Aber wer legt den anderen aufs Kreuz?"
Schorsch hatte nur noch die zwei Pferde vor dem Wagen des riesigen Mannes im Kopf. Schon packte er den Moritz, wurde selbst aus dem

Kindermarkt in Ravensburg

Logis
Unterkunft

- *Versetze dich in die Lage von Schorsch und erzähle, was du während der Wanderschaft, am Kindermarkt und während des Arbeitseinsatzes erlebt hast.*
- *Rechne mithilfe der Karte aus, wie viele Kilometer die Kinder unter schwierigsten Bedingungen gehen mussten.*
- *Vergleiche den Tagesablauf vieler Kinder um 1836 mit deinem.*
- *Welche Formen der Kinderarbeit sind dir aus der Gegenwart bekannt? Welche Rechte werden diesen Kindern verweigert? Welche Möglichkeit gibt es, ihnen zu helfen.*

Stand gehoben, stieß mit dem Kopf hart gegen die Hausmauer, aber da hatte er den anderen schon auf den Boden gezerrt, drehte ihn um und drückte seine Schultern aufs Pflaster. Schwingshackl, der an einen echten Streit glaubte, wollte wütend dazwischengehen.
Der Bauer hielt ihn jedoch zurück und erklärte den Vorfall. „Ich wollt nur sehen, wer der Stärkere ist", entschuldigte er die beiden.
„So geht man nicht mit Kindern um, auch wenn sie arm sind", rief Schwingshackl mit hochrotem Gesicht. „Das ist gegen jede menschliche Würde."
„Würde?", fragte da der Riese.
„Wisst Ihr, was Würde ist? Würde ist, wenn man am Tisch vor einem vollen Teller sitzen kann und satt aufsteht. Und satt aufstehen wird das Büble bei mir, das schwör ich Euch."
Sie handelten einen Preis für Schorsch aus: Kost und *Logis,* das volle Gewand und . . .
„Und zehn Gulden", sagte der Mann und hielt Schwingshackl die Hand zum Einschlagen hin.
Doch Schwingshackl schüttelte den Kopf. „Zehn Gulden sind zu wenig für den kräftigen Kerl."
„Fünfzehn Gulden."
„Von März bis November?"
„Fünfzehn Gulden sind das höchste."
„Zwanzig Gulden", sagte Schwingshackl kühn. „Seine Eltern brauchen es bitter nötig."
„Leuteschinder", schimpfte der Riese und schlug ein.
Schorsch war gekauft.

Kinderarbeit verstieß und verstößt zu allen Zeiten gegen Menschenrechte. *Um 1836 gestaltete sich der Tagesablauf vieler Kinder in Vorarlberg so:*

3.00 Uhr früh	*Aufstehen*
4.00 Uhr früh	*Auf dem Weg zur Arbeit*
Schlag 5.30 Uhr	*Arbeitsplatz in der Fabrik einnehmen*
19.30 Uhr	*Arbeitsschluss, anschließend Heimweg*
22.00 – 22.30 Uhr	*Ankunft daheim*
Zeit für den Schlaf eines Kindes etwa vier Stunden pro Tag	

Aber die Kinderarbeit beschränkte sich nicht nur auf die Arbeit in den Fabriken. Die Not der bäuerlichen Bevölkerung war so groß, dass 1 000 bis 2 000 Kinder jährlich aus Tirol und Vorarlberg (nachweislich seit 1850) nach Schwaben wanderten, um sich dort bei Bauern zu verdingen. Sie arbeiteten als Hüter für Vieh und Kinder. Ihr Lohn bestand aus Geld und Sachwerten. Erst um 1930 ging die Schande der Wanderungen armer Kinder von Österreich nach Schwaben zu Ende.

Ideen können nicht erschossen werden...

Wien, im März 1848: Das Volk leidet unter der strengen Herrschaft des Kaiserhauses und der allgegenwärtigen Bespitzelung durch die Beamten des Staatskanzlers Metternich. Die Bürger murren, die Studenten rufen nach mehr Freiheit, und die Arbeiter rotten sich zu Aufständen zusammen. Moritz Michael Kuppelwieser, Sohn einer Reisigsammlerin und eines Tintenverkäufers, rettet dem Berichterstatter des Wiener Tagblatts, Ottokar Sulzer, in den Kämpfen um die Tabakfabrik das Leben und wird zum ständigen Begleiter des Journalisten. Dabei erlebt er in den nächsten Monaten den Aufstand und die blutigen Kämpfe in Wien, sieht mit Schrecken das wahre Gesicht der Revolution und lernt Menschen und Schicksale kennen.

---

23. August 1848 – Die Schlacht im Prater

Der Kommandant des berittenen Bürgerkorps, der fünfunddreißigjährige Buchhändler Adolph Bechheim, hat schweißnasse Hände. Er zupft nervös an seinen silbernen Knöpfen der blauen Uniform, salzige Schweißtropfen rinnen ihm unter der Kappe hervor und brennen in den Augen, sodass sich der Bürger aus der Leopoldstadt wieder und wieder mit seinem schmierigen Taschentuch über das Gesicht wischt. Es ist sein erstes Kommando, und Bechheim, ein an und für sich friedfertiger Mensch, hat bis jetzt an einigen Aufmärschen und Exerziereien teilgenommen und seine Mitgliedschaft bei der *Nationalgarde* als lästiges Anhängsel in dieser unruhigen Zeit betrachtet.

Nun wird es allerdings ernst: Sein hundert Mann starkes Reiterkorps hat den Auftrag bekommen, die Praterversammlung der Arbeiter aufzulösen, wenn nicht anders, dann unter Einsatz seiner Waffen. Zur Unterstützung sind zweihundert Mann zu Fuß dabei, eine Truppe der Nationalgarde aus der Jägerzeile. Dieser wüste Haufen von zumeist fragwürdigen Existenzen bewährte sich schon in den immer wieder aufflackernden Unruhen in den Som-

Nationalgarde
Bürgerwehr

Schon im Mai wurden im Prater demonstrierende Arbeiter angegriffen. (Lithografie von Franz Weixlgärtner)

Tschako
Militärische Kopfbedeckung
Bagage
Hier: umgangssprachlich Gesindel
Bajonett
Stoßwaffe am Gewehrlauf

mermonaten gegen die aufmüpfigen Arbeiter. Ihre *Tschakos* sind zum größten Teil mit schwarzgelben Bändern geschmückt, ein Zeichen, dass sie dem Hause Habsburg treu sind und mit den republikanischen Tendenzen der Arbeiter nichts zu tun haben wollen.

Nur mit Mühe kann Kommandant Bechheim sein tänzelndes Ross bändigen, das seine Nervosität spürt. Schließlich ruft er den Kommandanten der Fußtruppe, Franz Xaver Todt. Todt, ein Schneidermeister, der mit seinem Geschäft schon nahezu bankrott gewesen ist, schlendert in der prallen Augustsonne gemütlich heran. Seit ihm die Arbeiter in der Inneren Stadt die Auslagenscheiben eingeschlagen haben, widmet er sich nur mehr seiner Aufgabe bei der Nationalgarde.

„Na, Kamerad Bechheim", spricht er ihn an, „was ist?"

„Was machen wir, wenn die Arbeiter sich nicht zerstreuen und vielleicht auf uns losgehen?", fragt der ihn mit einem leicht zittrigen Unterton in der Stimme. Todt blickt ihn mit einem geringschätzigen Blick an.

„Ganz einfach: Flinten anlegen und abdrücken auf die *Bagage!*"

„Aber, aber ... das sind doch Revolutionäre. Genauso wie wir!"

„Nichts da. Das ist nicht unsere Revolution, die die machen. Wenn die ans Ruder kommen, geht's uns auch an den Kragen."

„Wenn aber Kinder dabei sind?", wendet Bechheim eindringlich ein und wischt sich wieder den Schweiß von der Stirn.

„Die werd'n nicht einmal groß", antwortet Todt brutal, dreht sich um und spaziert wieder zu seiner Truppe, die eifrig dabei ist, *Bajonette* auf ihre Gewehre aufzustecken und Pulver in die Läufe zu stampfen.

„Was ist los?", wird Todt von seinem Stellvertreter Anton Zwettlinger, einem Seidenfabrikanten, dem die Arbeiter vor einem Monat den Laden in Brand gesteckt haben, gefragt.

„Was wird schon los sein? Angst hat er halt.", antwortet Todt mit einem schmierigen Grinsen und spannt mit einem lauten Knacken den Hahn seiner Büchse.

Plötzlich ertönt ein Ruf aus den hinteren Reihen: „Die Arbeiter kommen!"

Tatsächlich: In breiter Linie nähern sich die Fahnen schwenkenden Arbeiter, die allerdings beim Anblick der schwerbewaffneten Nationalgarde langsamer werden und schließlich zum Stehen kommen.

Hubertus Schweiger, der Bäckergeselle, der sich zum Anführer des Haufens aufgeschwungen hat, geht einige Schritte vor und ruft zu den Bürgern hinüber: „Brüder, lasst uns vorbei. Wir kämpfen gemeinsam für dieselbe Sache!"

Was Todt veranlasst, dem neben ihm stehenden Zwettlinger zuzuflüstern: „Das glaubst du vielleicht!"

Damit hebt er sein Gewehr und nimmt den bärtigen Bäckergesellen voll ins Visier.

Der Kommandant der berittenen Bürgerwehr, Adolph Bechheim, bewegt sich mit seinem Pferd auf die abgerissenen Gestalten zu, die mit wutverzerrten Gesichtern Äxte, Schaufeln und Prügel schwenken und im Chor rufen: „Der Revolution eine Gasse! Macht den Weg frei!"
Die Angst sitzt ihm im Nacken, der Schweiß trieft ihm aus allen Poren, aber er möchte ein Blutvergießen vermeiden. Zwei Meter vor dem Anführer der Menge bringt er seinen Gaul zum Stehen und blickt dem Bäckergesellen Schweiger voll ins Gesicht.
„Bruder! Auch wir sind Revolutionäre und kämpfen für die Freiheit. Nimm deine Leute und geh nach Hause. Ich darf euch nicht durchlassen und unter meinen Leuten sind welche, die nur auf die Gelegenheit warten, euch eine Kugel zu verpassen. Ich seh' einen Haufen Frauen und Kinder unter euch. Ich bitte euch: Seid's g'scheit, Leute."
Damit wendet er sich an die Menge.
„Ich bitt' euch, in Gottes Namen. Geht's nach Hause und gebt's Ruhe!"
Schweiger blickt unschlüssig auf die Leute hinter sich, breitet die Arme aus...
In diesem Moment knallt aus den Reihen der Nationalgarde ein Schuss.
Der Bäckergeselle greift sich an die Brust, zwischen seinen Fingern quillt Blut hervor, und mit einem verwunderten Ausdruck in den Augen bricht er zusammen.

Entsetzt schreit der Kommandant Bechheim auf: „Nein, nicht!"
Da hat sich schon die nun nicht mehr zu haltende Menge in Bewegung gesetzt, umringt ihn, reißt ihn vom Pferd.
„Brüder, nein! Ein schrecklicher Irrtum. Um Gottes willen, haltet ein!"
Doch die Menge kennt kein Erbarmen: Mit Prügeln, Schaufeln und Hacken schlagen sie auf den Wehrlosen ein, und mit dem Ruf „Freiheit" trampeln Hunderte über ihn drüber, auf den bewaffneten Trupp zu. Schneidermeister Todt, der den alles auslösenden Schuss auf den Arbeiter abgab, ist die Ruhe selbst. Mit einem kurzen Kommando lässt er die vorderste Reihe seiner Gardisten niederknien und die Gewehre in Anschlag bringen. In der Weite des Praters ergeben die abgefeuerten Gewehre nur einen kurzen, scharfen Knall, doch die Wirkung ist verheerend. Wie von Geisterhand werden die in den vordersten Reihen heranstürmenden Arbeiter niedergemäht. Die schweren Bleikugeln reißen weite Lücken in die Arbeiterreihen. Ob bewaffnet oder nicht, Männer wälzen sich blutüberströmt auf dem Boden, Frauen stürzen wie von Geisterhand umgeweht nieder und Kinder laufen wie von Sinnen blutüberströmt durch die Reihen, die sich zunehmend lichten.
Der Wiesengrund des Praters, durch den auch der Kaiser zu reiten pflegt, ist mit Blut getränkt.
Als die letzte Salve abgefeuert ist,

gibt Todt ein Zeichen und zusammen mit den Reitern, die mittlerweile ihre Säbel blankgezogen haben, schreiten sie auf die Menge zu, aus der Wehklagen und unmenschliche Schmerzensschreie dringen.

Und was die Kugeln der Fußtruppe nicht niedergemetzelt haben, erledigen die Reiter noch mit ihren Säbeln. Wahllos, ob Mann, Frau oder Kind, schlagen sie auf die sich nun in alle Winde zerstreuenden Menschen ein. Innerhalb kürzester Zeit ist der Spuk zu Ende. Die Überlebenden haben sich in die Auen des Praters geflüchtet, was zurück bleibt, ist ein Schlachtfeld . . .

Atemlos und mit schreckgeweiteten Augen betrachten der Berichterstatter Ottokar Sulzer und sein Gehilfe Moritz Michael Kuppelwieser das Resultat des Gemetzels.

„Wer ist für dieses Gemetzel verantwortlich? Wer hat diese schändliche Mordtat auf dem Gewissen?", brüllt Sulzer.

Kommandant Todt hat sich dem Schreienden genähert, zieht nun seine Pistole und zielt damit in das Gesicht des Journalisten.

„Was denn, was denn, Bürscherl. Wer bist denn du, der die Verteidiger des Vaterlandes Mörder nennen darf?"

Damit spannt er mit einem gefährlichen Klacken die Hähne seiner doppelläufigen Pistole und setzt sie dem Berichterstatter an die Stirne.

Am gefährlichen Flackern in den Augen seines Gegenübers erkennt Sulzer, dass dieser keinen Moment zögern wird, auch tatsächlich abzudrücken. Es läuft ihm eiskalt über den Rücken. Trotzdem presst er zwischen den Lippen hervor: „Ich bin Berichterstatter des Wiener Tag-

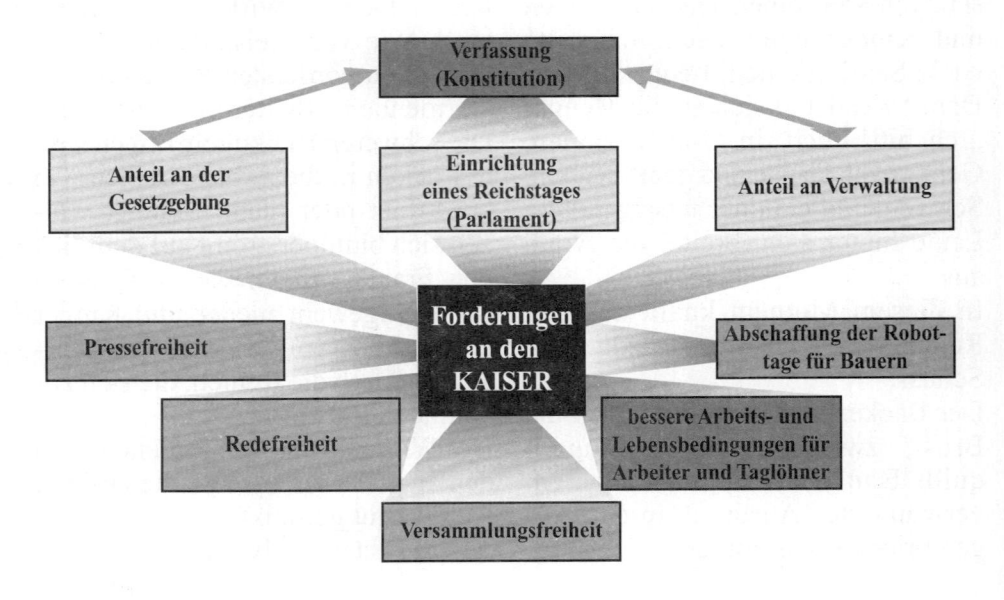

Forderungen an den KAISER
- Verfassung (Konstitution)
- Anteil an der Gesetzgebung
- Einrichtung eines Reichstages (Parlament)
- Anteil an Verwaltung
- Pressefreiheit
- Abschaffung der Robottage für Bauern
- Redefreiheit
- bessere Arbeits- und Lebensbedingungen für Arbeiter und Taglöhner
- Versammlungsfreiheit

blatts, und ich fordere Sie auf, mich zum Verantwortlichen für dieses Massaker zu bringen, damit ich der Öffentlichkeit darstellen kann, wie es zu diesem Zwischenfall kam."

Noch immer hält Todt die Pistole dem Journalisten an die Stirn, doch er wird unsicher. Außerdem hat sich um die beiden bereits ein Kreis von Gardisten geschart. Vor so vielen Zeugen auch noch, überlegt der Kommandant weiter, das könnt' Probleme geben, egal ob der Mann nun wirklich Journalist ist oder nicht.

Moritz hat die Szene mit geweiteten Augen beobachtet. Tödliche Angst schnürt ihm den Atem ab.

„Lieber Gott", stößt er innerlich aus, „lass meinem Herrn Sulzer nichts passieren. Bitte, lieber Gott!"

> - *Verfasse für das „Wiener Tagblatt" einen Artikel über die Geschehnisse im Prater.*
> - *Erarbeite mithilfe der Grafik die Forderungen von Arbeitern, Bürgern und Studenten und erkläre, welche Wege zur Durchsetzung möglich gewesen wären.*

Die Revolution 1848 in Wien wird im Oktober vom Militär endgültig niedergeschlagen. Blick in die brennende Praterstraße, im Hintergrund der Stephansturm

Wir streiken!

In der Allgemeinen Erklärung der Menschenrechte aus dem Jahre 1948 steht: „Jeder Mensch, der arbeitet, hat das Recht auf angemessene und befriedigende Entlohnung, die ihm und seiner Familie eine der menschlichen Würde entsprechende Existenz sichert."
Die Arbeiter des Jahres 1889 mussten sich diese und andere Rechte erst schwer erkämpfen. Solange die Staatsmacht im Fall eines Arbeitskonflikts auf Seiten der Unternehmer stand, konnten einzelne Arbeiterproteste kaum etwas erreichen. Erst durch Massenorganisation konnte die Drohung „Alle Räder stehen still . . ." Wirkung zeigen.

Zeche
Bergwerksbetrieb; in die Zeche (in das Bergwerk) einfahren

Arbeiterfahne um 1910

4.30 Uhr: Laut hallt die Sirene durch die Bergmannssiedlung nahe der *Zeche*. Schläfrig und fröstelnd erhebt sich Paul. Er bewegt sich vorsichtig, um seine Frau Liese, die wieder eingeschlafen ist, nicht zu wecken. So verkneift er sich auch den Abschiedskuss – dabei weiß der Kohlekumpel aus dem Ruhrgebiet nie, ob er am Abend wiederkommen wird.
Auch in den benachbarten Massenquartieren der ledigen Bergarbeiter sind die trüben Lichter angegangen; dünner Kaffee kocht auf den Herdstätten.
Paul starrt nach oben durch das vergitterte Kellerfenster der Zwei-Zimmer-„Wohnung". Es ist kalt in den Apriltagen des Jahres 1889. Kurz entschlossen wirft er sich seinen zerschlissenen Überhang um. „Auf geht's", ermuntert er sich selbst. Er weiß: Zu spät am Eingang der Zeche zu erscheinen, das bedeutet sofortige Entlassung . . .
Stumm und müde traben die Kumpel der Frühschicht nebeneinander her. Beim Betreten der Zeche erhalten sie ihre Marke und die Grubenlampe ausgehändigt – eine doppelte Kontrolle: Einmal weiß der Grubeninhaber, wer nicht oder nicht pünktlich zur Arbeit erschienen ist – und bei einem Unfall lässt sich ganz einfach feststellen, wer zu den Unglückli-

chen gehört, die sich noch unter Tag befinden . . .

Paul, mit seinen 43 Jahren ein alter Gruben-Hase, hört beim Umkleiden, wie die jüngeren Knappen miteinander tuscheln. Kein Ton fällt jedoch bei der Anfahrt. Inzwischen ist es 5.30 Uhr.

Unten im Schacht verteilt der *Steiger* die Arbeit. Paul teilt er heute besonders viele junge Kumpel zu: Sie sollen einen Schacht vorantreiben und den soliden Ausbau gewährleisten. Paul ist nicht wohl dabei: Etliche Ausländer hat er dafür, kaum der deutschen Sprache mächtig, dazu Unerfahrene und nur wenige gute Leute. Dennoch treiben sie den Schacht zügig voran: Bohren, zurückziehen, sprengen, sichern, abräumen. Dann wieder bohren . . .

Heiß ist es im Schacht geworden. Der Staub beißt in den Augen. Die Grubenlampen verbreiten nur ein schwaches Licht.

Schweißgebadet sind sie alle. Eine kurze Mittagspause ist angesagt. Die jungen Bergarbeiter ziehen sich entgegen ihrer sonstigen Gewohnheit zurück. Worüber sie sprechen, ist für Paul nicht zu verstehen. Doch er spürt, dass etwas im Gange ist. Nur was?

Endlos ziehen sich die Stunden, bis die Schicht schließlich endet. Paul versammelt sich mit seinen Kumpeln wieder am Schacht, um über Tag zu fahren. Als sie sich im großen Waschhaus sauber machen und sich umkleiden, nähert sich ihm Wilhelm, ein junger Mann, der erst kurze Zeit mit ihm auf Schicht geht: „Wir treffen uns nachher im Schnapskasino bei Trude. Kommst du mit?" Eigentlich hatte Paul seiner Liese versprochen, dass er gleich nach Hause kommen würde, doch aus Neugier sagt er zu.

Bei Trude geht es schon hoch her. Auch Christoph, der Ortsälteste und Sprecher der Arbeiter, ist schon da. Sonst lachen und scherzen die Kumpel, heute reden sie wild durcheinander. Christoph tritt an Paul heran: „Hast du mitbekommen, dass sie uns heute schon wieder zwölf Wagen *genullt* haben? Und das nur, weil sie angeblich nicht richtig beladen waren." Paul zuckt zusammen. „Wagennullen", das bedeutet weniger Lohn in der Tüte. Und das nahm in der letzten Zeit beträchtlich zu. „Für Samstag haben sie eine zusätzliche Schicht angesetzt", ergänzt ein Mitzecher. „Ich denke nicht daran, miteinzufahren!" „Verdammt noch mal, ich habe die Schufterei satt!", ruft ein anderer.

Die Stimmung wird gereizter. Wilhelm springt auf einen Stuhl: „Kumpels, wir lassen uns das nicht mehr länger gefallen. Sie zwingen uns zu immer mehr Überstunden; doch in der Lohntüte befindet sich nicht ein Heller mehr. Die Strafen nehmen zu, obwohl wir *malochen* wie nie zuvor!" Seine Rede geht in einem lauten Gejohle unter: „Wir streiken!", ertönt es aus vielen Kehlen. „Wir streiken – und zwar sofort!"

Steiger
Aufseher in einem Bergwerk
genullt
Nullifizieren: ungültig erklären
malochen
hart arbeiten

Der Ortsälteste steigt auf den Stuhl: „Jungs, seid doch vernünftig! Ein wilder Streik macht doch keinen Sinn. Die sperren uns aus. Und wovon wollt ihr dann Kost und Logis in euren Schlafstuben oder gar die Miete bezahlen?" Ein wütendes Pfeifkonzert folgt seinem Aufruf. „In der Nachbarzeche wollen sie auch streiken", ruft einer. „Wir schließen uns ihnen an!"

„Leute, seid vorsichtig. Lasst uns erst mit ihnen reden", greift der Ortsälteste noch einmal ein. Nach weiteren heftigen Wortgefechten wählen die Kumpel drei Sprecher, die sich am nächsten Tag mit den Knappschaftsvertretern treffen sollen, um ihre Forderungen der Werkleitung vorzutragen.

Müde schleicht Paul heim. Was wohl würde seine Frau sagen? Obwohl sie als Näherin zuverdient, reicht es für sie beide kaum zum Leben. Und was würde der Streik bringen? Was, wenn er auf der Straße steht?

Wenige Tage später ist es dennoch soweit: Am 14. Mai 1889 gehen im ganzen Ruhrgebiet 90 000 Bergarbeiter auf die Straße. Viele Zechen stehen völlig still. Denn natürlich hatten die Eingaben ihrer Sprecher bei den Unternehmern nichts gefruchtet. Hochmütig hatten sie die Forderung nach mehr Lohn abgelehnt. Nichts hatten sie davon gehalten, zur alten Acht-Stunden-Schicht zurückzukehren. Die Behörden denken nicht anders: Den Streik betrachten sie wie die Unternehmer als

Streikszene 1882

übles Machwerk der Sozialdemokratie – ein Schimpf- und Reizwort in jenen Tagen.

Als Paul mit seinen Kumpeln durch die Straßen zieht, marschiert Militär auf, um die Menge zu zerstreuen. Bis vor das Zechentor gelangen sie nicht. Denn plötzlich fallen Schüsse; einige Demonstranten fallen getroffen zu Boden. Der Zug löst sich in wilder Panik auf. Die Kumpel tragen die Schwerverletzten in Hauseingänge. Wenige Tage später treffen sie sich wieder bei Trude. Die Stimmung ist gedrückt. Einige Kumpel fehlen; unter ihnen auch Christoph – als örtlicher „Rädelsführer" wurde er zusammen mit anderen „Sozialdemokraten" verhaftet. Auf einigen Zechen fahren die Kumpel bereits wieder ein. Ein paar kleinere Zugeständnisse hatten ihnen genügt, um die Arbeit wieder aufzunehmen. Doch zugleich ziehen die Unternehmer die Schraube an. Überall war es auf den Plakaten zu lesen: „Wer bis zum 31. Mai nicht die Arbeit wieder aufgenommen hat, wird fristlos entlassen!"

Das kann sich Paul nicht leisten. Auch er stimmt an diesem Abend für eine Beendigung des Streiks – und weiß dabei, dass die Hoffnung auf eine Verbesserung der Arbeitsverhältnisse unter Tag in weite Ferne gerückt ist ...

Doch ganz vergebens war dieser Streik dennoch nicht: Nach seinem Ende setzten sich zahlreiche Bergarbeiterversammlungen zusammen. Sie planen, einen Bergarbeiterverband zu gründen, denn der Ablauf des Streiks hat ihnen gezeigt, dass eine einheitliche Führung dringend geboten war, um geschlossen gegen die Unternehmer und die Behörden vorgehen zu können.

Am 18. August 1889 treffen sich 200 Delegierte von 66 Zechen und 44 Knappenvereinen des Ruhrgebietes in Dorstfeld. Sie gründen den „Verband zur Wahrung und Förderung der bergmännischen Interessen im Rheinland und Westfalen". Später werden sie ihn den „Alten Verband" nennen, und in Zukunft werden sie ihre Anliegen auch besser durchsetzen können ...

- Welche Möglichkeiten haben Arbeiter heute im Gegensatz zum 19. Jahrhundert, ihre Forderungen durchzusetzen?
- Rollenspiel: Ein Arbeiter aus dem 19. Jahrhundert und ein Arbeiter von heute diskutieren über ihre Situation.

Ein Spinnrad zwingt ein Weltreich in die Knie

Mahatma (große Seele) Gandhi (1869–1948) war der Führer der indischen Unabhängigkeitsbewegung. Er entstammte einer wohlhabenden Hindufamilie, studierte in London, kämpfte für die Gleichberechtigung seiner Landsleute in Südafrika und seit dem Ersten Weltkrieg für die Unabhängigkeit Indiens.

Sein großes Ansehen und seine Erfolge gründeten sich auf die Methode des gewaltlosen Widerstands (Satyagraha).

Die Engländer sollten zum Rückzug aus Indien gezwungen werden, aber nicht in einem blutigen Kolonialkrieg, sondern durch passiven Widerstand. Gandhi rief zum Boykott britischer Waren auf. Das selbstgesponnene Tuch, der einfache Webstuhl, die Spindel wurden zu Symbolen der Bewegung des gewaltfreien Widerstands. Das äußerste Mittel war der Hungerstreik.

Am Ende seines Lebens hatte Gandhi mehr als sechs Jahre im Gefängnis verbracht. Er hatte insgesamt 342 Tage gehungert.

Der Vertreter des gewaltlosen Widerstands wurde 1948 von einem fanatischen Hindu erschossen.

Amritsar
Stadt im Pandschab, Indien, Wallfahrtsort der Sikhs (hinduistisch-moslemische Sekte)

Als Gandhi von dem Blutbad in *Amritsar* hörte, brach er endgültig mit Großbritannien. Zweimal war er für die Briten in den Krieg gezogen, immer hatte er die Briten als Gentlemen respektiert und Ungerechtigkeiten dem einzelnen Menschen zugeschoben.

Aber damit war jetzt Schluss. „Es ist das System", sagte er, „dieses satanische System ist schuld."

Er schickte dem Vizekönig seine beiden Orden aus dem Burenkrieg zurück. Und er rief zu einer neuen Aktion auf, einer genial einfachen Aktion.

Er nannte sie Noncooperation – keine Zusammenarbeit mehr mit den Briten. Dieses Programm brachte er vor den Kongress und es wurde mit überwältigender Mehrheit angenommen.

Damit war Noncooperation zum Programm geworden, zum Programm für die Befreiung Indiens.

Keine Zusammenarbeit mehr mit den Briten! Schüler und Studenten blieben aus den britischen Schulen fort, Kaufleute handelten nicht mehr mit britischen Waren. Die Menschen kauften nichts mehr, was aus England kam, Bauern zahlten keine Steuern mehr und indische Rechtsanwälte ließen ihre britischen Kollegen sitzen. Keine Zusammenarbeit mehr mit den Briten!

Und im gleichen Atemzug leitete Gandhi sein bisher größtes Experiment ein: Es war die Sache mit dem Spinnrad.

Englische Händler kauften seit Jahrzehnten indische Baumwolle zu einem Spottpreis auf und verschifften sie nach England. Dort wurden feine Garne daraus gesponnen und Tuche gewebt. Und dann kamen die Tuche nach Indien zurück und wurden teuer an die Inder verkauft.

Aus diesem Teufelskreis sollten vierhundert Millionen Inder jetzt ausbrechen. Also mussten Spinnräder her, viele Spinnräder, Millionen von Spinnrädern. Denn jeder Inder sollte Garn spinnen, Garn für sein Lendentuch, Garn für seinen weißen Schal. Wie immer ging Gandhi mit eigenem Beispiel voran. Jeden Tag setzte er sich eine Stunde an sein Spinnrad, obwohl es ihm sauer geworden ist, und flott zu spinnen hat er sein Leben lang nicht gelernt.

Aber das Spinnrad wurde zum Symbol für Indiens Freiheit. Das Spinnrad gab Millionen von Menschen Arbeit, es gab Millionen von Menschen Kleidung. Es war billig und machte Indien unabhängig vom britischen Tuch.

Mit diesem Experiment wollte Gandhi die Engländer am Nerv treffen, dort, wo es am meisten wehtat – und das war das Geld. Denn die ungeheuren Gewinne, die britische Kaufleute in Indien machten, stützten ja nicht nur England, sondern das ganze Britische Empire mit seinen Kolonien. Und dann setzte Gandhi noch das Tüpfelchen aufs „I". Er gelobte feierlich, für den Rest seines Lebens nur noch ein Lendentuch und einen Schal zu tragen; mehr konnten die Ärmsten in Indien sich nicht leisten und mehr wollte auch Gandhi nicht anziehen.

Das war ein seltsamer Zug, der sich da durchs Land bewegte. Vorneweg ein kleiner, halbnackter dürrer Mann mit abstehenden Ohren und Glatze, mit rutschender Brille und einem Bambusstock in der Hand. Dahinter kamen seine „Jünger", alle in weißen, selbstgewebten Tüchern. Einer zerrte die ewig meckernde Ziege an einem Strick hinter sich her. Sie musste immer dabei sein, denn Gandhi trank jeden Tag eine Schale Ziegenmilch, die beruhigte seinen vom Fasten aufgewühlten Magen. Als letzter aber in der Reihe ging ein Mann mit dem hölzernen Reiseklosett des Mahatma auf dem Kopf, weithin sichtbar.

Selbst im kleinsten Dorf machte Gandhi Halt, setzte sich auf den Dorfplatz, betete, nahm sein Spinnrad und redete zu den Bauern. Er hatte sich vorgenommen, Indien zu erziehen. Ohne Unterbrechung redete er von der Freiheit Indiens.

Gandhi zog monatelang durch Indien, jahrelang. Und immer öfter saßen in den Städten und Dörfern die Leute am Straßenrand, wenn er vorbeizog, und spannen Garn, ihm zu Ehren.

In den Städten bot Gandhi den Menschen ein ganz anderes Schauspiel. Waren erst einmal ein paar tausend Zuschauer zusammengelaufen, um den Mahatma zu sehen, dann ließ er ein paar Freiwillige vortreten. Und während er mit lauter Stimme erklärte: „Wenn wir nicht auf ausländische Kleidung verzichten, werden wir die englische Knechtschaft niemals überwinden", zogen die Freiwilligen sich langsam aus. Erst die Jacke, dann die Hose aus britischem Tuch, ihre Hemden und auch die Unterhosen, und warfen alles auf einen großen Haufen. Dann trat der Mahatma, selig lächelnd, mit einer Fackel an den Haufen und zündete das englische Tuch an. Es waren Freudenfeuer für Indiens Unabhängigkeit.

Bald brannten überall in den Städten diese Feuer. Und die Engländer reagierten schnell; wieder wurden Tausende verhaftet und eingesperrt, bis die Behörden kaum noch wussten, wohin mit den Gefangenen. Und der britische Gouverneur von Bombay sprach vom „kolossalsten Experiment in der Geschichte, das beinahe Erfolg gehabt hätte".

Denn nicht überall ließen die Menschen sich so einfach verhaften. In dem kleinen Dorf Chauri Chaura versuchte die Polizei, einen Zug von Demonstranten auseinanderzuknüppeln. Dabei hatten sie sich allerdings verrechnet, denn die Demonstranten schlugen zurück. Sie trieben die Polizisten in die Polizeiwachen hinein; und als die sich dort verschanzten, flogen brennende Fackeln. Die Polizisten wurden ausgeräuchert – und erschlagen, als sie vor den Flammen auf die Straßen stürzten.

Sofort brach Gandhi seine ganze Aktion ab. „Meine Landsleute sind

noch nicht reif für den gewaltlosen Widerstand, für Satyagraha", sagte er und fastete fünf Tage lang.
Darauf hatten die Behörden gewartet. Kaum hatte Gandhi einen Rückzieher gemacht, stürmten Polizisten in seinen *Ashram* am Sabarmati und verhafteten ihn. Gandhi fastete noch. Auf Volksverhetzung und Aufruhr lautete die Anklage. Gandhi sagte selber, er sei schuldig.
„Meiner Meinung nach darf niemand mit dem Bösen zusammenarbeiten, aber jeder muss mit dem Guten zusammenarbeiten. Ich bin deshalb hergekommen, um selbst die höchste Strafe für mich zu fordern. Denn was für Sie eine Strafe ist, das kommt mir vor wie die höchste Pflicht. Wir Satyagrabi gehen für unsere Überzeugung lächelnd ins Gefängnis. Das ist unsere Kraft, nicht Gewehre und Kanonen. Und wir werden siegen."
Der Richter entschuldigte sich fast, als er Gandhi zu sechs Jahren Gefängnis verurteilte.
Und Gandhi ging wirklich lächelnd ins Gefängnis.
Er las viel, schrieb Briefe und Zeitungsartikel und auch seine Gesundheit wurde zusehends besser.
Nach zwei Jahren wurde Gandhi entlassen. Er reiste wieder durch das Land, forderte Indiens Freiheit und predigte das Spinnrad als Heilmittel für die Freiheit. So ging das jahrelang und inzwischen trugen auch hohe Politiker schon den Khadi, das Kleid des armen Mannes.

Ashram
Farm

- *Erstelle einen Lebenslauf von Mahatma Gandhi. (Internet!).*
- *In der Erzählung heißt es: „Wie immer ging Gandhi mit eigenem Beispiel voran". Beurteile dieses Verhalten und seine Wirkung auf Menschen.*
- *Diskutiert, warum passiver Widerstand nicht immer die gewünschte Lösung bringen kann.*

Mahatma Gandhi am Spinnrad, um 1930

Der Ball

Zwei Jungen wachsen im selben Haus auf und gehen in dieselbe Schulklasse. Jeder wird als einziges Kind von verständnis- und liebevollen Eltern erzogen. Selbstverständlich werden sie Freunde und jeder ist in der Familie des anderen daheim. Doch Friedrich Schneider ist Jude und allmählich wirft der Nationalsozialismus seine Schatten über ihn.

Wir liefen die Straße entlang. Friedrich hielt sich bei der Hauswand. Ich warf den kleinen Vollgummiball, den ich im Schuhgeschäft geschenkt bekommen hatte. Er prallte von der Mitte des Gehsteigs hoch und flog Friedrich zu. Friedrich fing ihn auf und spielte ihn mir wieder zurück. Weil uns ein Fußgänger entgegenkam, setzte ich mit dem Werfen kurz aus. Kaum war der Mann vorüber, da schleuderte ich Friedrich den Ball wieder zu.

Friedrich hatte nicht aufgepasst.

Es klirrte, Scherben fielen.

Der Ball rollte harmlos über den Gehsteig zu mir zurück.

Friedrich starrte mit offenem Mund auf die zertrümmerte Scheibe des Schaukastens.

Ich bückte mich nach dem Ball.

Da stand plötzlich die Frau vor uns. Sie fasste Friedrich beim Arm und zeterte los.

Auf ihr Geschrei hin wurden die Türen und Fenster in der Nachbarschaft geöffnet. Neugierige sammelten sich.

„Diebe! Einbrecher!", schrie die Frau.

Ihr Mann stand mit den Händen in den Hosentaschen vor der Ladentür. Unbekümmert rauchte er seine Pfeife.

„Dieser Judenlümmel", verkündete die Frau allen, die es hören wollten, „drückt mir den Schaukasten ein; will meine Waren stehlen." Dann wandte sie sich wieder Friedrich zu: „Aber das ist dir noch einmal danebengegangen. Ich bin wachsam. Dich kenne ich, du wirst mir nicht entwischen. Euch Judenpack, ausrotten sollte man euch. Erst richten sie einem das Geschäft zu Grunde mit ihren großen Kaufhäusern, dann bestehlen sie einen auch noch! Wartet nur, der Hitler wird es euch schon zeigen!" Wild schüttelte sie Friedrich hin und her.

„Aber er ist es doch gar nicht gewesen!", rief ich dazwischen. „Ich habe den Ball geworfen; ich habe die Scheibe zerbrochen. Wir wollten nicht stehlen!"

Mit großen, dummen Augen schaute die Frau mich an. Sprachlos öffnete sie den Mund.

Indessen fegte ihr Mann die Scherben auf die Gasse. Er nahm die großen und kleinen Garnrollen, die Sternchen mit schwarzem und weißem Zwirn aus dem Schaukasten und trug sie in den Laden. Plötzlich wurden die Augen der Frau ganz klein. „Was mischst du dich denn ein? Was hast du überhaupt hier zu suchen? Scher dich fort! Meinst du, weil ihr zusammen in einem Hause wohnt, deshalb müsstest du den Judenlümmel in Schutz nehmen? Verschwinde!", zischte sie mich an.

„Aber ich habe doch den Ball in den Kasten geworfen!", versuchte ich noch einmal.

Die Frau holte mit der Hand zum Schlag aus, ohne Friedrich loszulassen. Friedrich weinte. Mit dem freien Ärmel wischte er sich die Tränen ab. Er verschmierte sein ganzes Gesicht. Und ich schwieg.

Irgendwer hatte die Polizei angerufen.

Atemlos und schwitzend radelte ein Schutzmann heran. Er ließ sich von der Frau alles berichten.

Wieder erzählte sie die Geschichte vom versuchten Einbruch. Ich zupfte den Schutzmann am Ärmel. „Herr Wachtmeister", sagte ich, „er hat es nicht getan. Ich habe mit meinem Ball die Scheibe eingeworfen."

Die Frau blickte mich drohend an. „Glauben Sie ihm nicht, Herr Wachtmeister!", geiferte sie. „Er will den Judenlümmel in Schutz nehmen. Glauben Sie ihm nicht! Er denkt, der Jude sei sein Freund, weil sie beide im gleichen Hause wohnen."

Der Schutzmann beugte sich zu mir herab. „Das verstehst du noch nicht, dazu bist du noch zu klein", erklärte er mir. „Du glaubst, du tust ihm einen Freundesdienst, indem du für ihn eintrittst. Du weißt doch: Er ist Jude. Glaub mir: Wir Erwachsenen haben unsere Erfahrung mit Juden. Man kann ihnen nicht vertrauen; sie sind hinterlistig und betrügen. Niemand außer der Frau hat gesehen, was der Jude dort getan hat . . ."

„Aber sie hat es doch gar nicht gesehen!", unterbrach ich ihn. „Nur ich bin dabeigewesen; ich habe es getan!"

Damals war es Friedrich (Titelbild)

- *Beschreibe jede einzelne Person dieser Erzählung und erkläre ihr Handeln.*
- *Welche Gefühle könnte Friedrich gehabt haben (Angst, Wut, Scham usw.)?*
- *Jeder könnte einmal einer verfolgten Minderheit angehören, denn Feindbilder sind austauschbar. Überlege, welche verfolgte Minderheiten es heute noch in der Welt gibt.*

Der Wachtmeister zog die Augenbrauen zusammen: „Du wirst doch diese Frau nicht als Lügnerin hinstellen wollen!"
Ich wollte noch etwas sagen, aber der Schutzmann ließ mich nicht mehr zu Wort kommen. Geleitet von der Frau und einem langen Zug von Neugierigen führte er Friedrich unserem Hause zu.
Ich schloss mich dem Zug an.
Auf halbem Weg begegneten wir Herrn Schneider.
Schluchzend rief Friedrich: „Vater!"
Erstaunt schaute Herr Schneider den Aufzug an. Er kam heran, grüßte und blickte verdutzt von einem zum anderen.
„Ihr Sohn?", begann der Wachtmeister.
Aber die Frau ließ ihn nicht weiterreden. Mit einem Wortschwall wiederholte sie ihre Erzählungen. Nur die Anspielung auf den Juden ließ sie diesmal weg.
Herr Schneider hörte geduldig zu. Als sie zu Ende war, nahm er Friedrichs Kinn und hob den Kopf hoch, um Friedrich in die Augen zu schauen. „Friedrich", fragte er ernst, „hast du den Schaukasten mit Absicht zerschlagen?"
Friedrich schüttelte schluchzend den Kopf.
„Ich bin es gewesen, Herr Schneider. Ich habe meinen Ball hineingeworfen, aber ich habe es nicht absichtlich getan!", rief ich und zeigte ihm den kleinen Vollgummiball.
Friedrich nickte.
Herr Schneider holte tief Atem. „Wenn Sie das, was Sie mir soeben erzählt haben, beeiden können", sagte er zu der Frau, „dann erstatten Sie bitte Anzeige. Sie kennen mich; Sie wissen meine Anschrift!"
Die Frau antwortete nicht.
Herr Schneider zückte seine Geldbörse. „Und nun lassen Sie bitte meinen Sohn los, Herr Wachtmeister!", sagte er scharf. „Ich bezahle den Schaden sofort."

Die wichtigsten Rechte der Kinder

Alle Kinder haben das Recht auf Bildung, zumindest die Grundschulausbildung muss kostenlos sein.
(Artikel 28)

Alle Kinder haben das Recht, ihre Meinung frei zu äußern und sich dafür auch Informationen zu beschaffen und sie weiterzugeben.
(Artikel 13)

Kinder haben das Recht, vor Missbrauch, Gewalt und Vernachlässigung geschützt zu werden.
(Artikel 19)

Die Kinderrechte gelten für alle Kinder, unabhängig von Hautfarbe, Religion, Vermögen, Herkunft oder Behinderung.
(Artikel 2)

Alle Kinder haben das Recht auf einen Lebensstandard, in dem sie sich körperlich, geistig und seelisch richtig entwickeln können.
(Artikel 27)

Alle Kinder haben das Recht, vor wirtschaftlicher Ausbeutung geschützt zu werden. Kinder dürfen nicht zu Arbeiten herangezogen werden, die ihrer Gesundheit schaden, ihre Entwicklung stören oder ihre Ausbildung behindern.
(Artikel 32)

Alle Kinder, und besonders Kinder, die einer Minderheit oder einer Urbevölkerung angehören, haben das Recht, ihre eigene Kultur zu pflegen, sich in ihrer Sprache auszudrücken und zu ihrer Religion zu bekennen.
(Artikel 30)

Behinderte Kinder haben das Recht auf ein erfülltes und menschenwürdiges Leben, und auf besondere Betreuung, die ihnen ermöglicht, am Leben der Gesellschaft teilzunehmen.
(Artikel 23)

- *Entwerft Flugblätter, auf denen noch nicht verwirklichte Rechte der Kinder beschrieben und mit Zeichnungen versehen sind.*

Die Menschenrechte – zugesichert und doch auch heute immer wieder in Gefahr

1945 wurde die Organisation der Vereinten Nationen gegründet. Ihr Hauptziel ist die Sicherung des Friedens und die Durchsetzung der Menschenrechte.
1948 proklamierten die Vereinten Nationen die „Allgemeinen Menschenrechte". Viele Staaten nahmen diese Empfehlung an. Dennoch werden in vielen Ländern der Welt Menschen verfolgt, eingesperrt, gefoltert und ermordet, weil sie die Einhaltung der Menschenrechte fordern und die Herrschenden damit nicht einverstanden sind.

Alle Menschen sind frei und gleich an Würde und Rechten geboren . . . *(Artikel 1)*

Jeder Mensch hat das Recht auf Freizügigkeit und freie Wahl seines Wohnsitzes innerhalb eines Staates . . . *(Artikel 13)*

Jeder Mensch hat das Recht auf Versammlungs- und Vereinigungsfreiheit zu friedlichen Zwecken . . . *(Artikel 20)*

Jeder Mensch hat das Recht auf Leben, Freiheit und Sicherheit der Person. *(Artikel 3)*

Niemand darf in Sklaverei oder Leibeigenschaft gehalten werden; Sklaverei und Sklavenhandel sind in allen ihren Formen verboten. *(Artikel 4)*

. . . Der Wille des Volkes bildet die Grundlage für die Autorität der öffentlichen Gewalt; dieser Wille muss durch periodische und unverfälschte Wahlen mit allgemeinem und gleichem Wahlrecht bei geheimer Stimmabgabe oder in einem gleichwertigen freien Wahlverfahren zum Ausdruck kommen. *(Artikel 21)*

Jeder Mensch hat allein oder in Gemeinschaft mit anderen Recht auf Eigentum . . . *(Artikel 17)*

Niemand darf der Folter oder grausamer, unmenschlicher oder erniedrigender Behandlung oder Strafe unterworfen werden. *(Artikel 5)*

Jeder Mensch hat das Recht, in anderen Ländern vor Verfolgungen Asyl zu suchen . . . *(Artikel 14)*

Jeder Mensch hat Anspruch auf Erholung und Freizeit sowie auf eine vernünftige Begrenzung der Arbeitszeit und auf bezahlten Urlaub. *(Artikel 24)*

Jeder Mensch hat Anspruch auf Gedanken-, Gewissens- und Religionsfreiheit . . . *(Artikel 18)*

Jeder Mensch hat das Recht auf freie Meinungsäußerung . . . *(Artikel 19)*

Jeder Mensch hat Anspruch auf die in dieser Erklärung verkündeten Rechte und Freiheiten ohne irgendeine Unterscheidung, wie etwa nach Rasse, Farbe, Geschlecht, Sprache, Religion, politischer oder sonstiger Überzeugung, nationaler oder sozialer Herkunft, nach Eigentum, Geburt oder sonstigen Umständen. *(Artikel 2)*

Niemand darf willkürlich festgenommen, in Haft gehalten oder des Landes verwiesen werden. *(Artikel 9)*

Jeder Mensch hat das Recht auf Arbeit, auf freie Berufswahl, auf angemessene und befriedigende Arbeitsbedingungen sowie auf Schutz gegenüber Arbeitslosigkeit. Alle Menschen haben ohne jede unterschiedliche Behandlung das Recht auf gleichen Lohn für gleiche Arbeit. *(Artikel 23)*

Michelangelo, Erschaffung Adams, Vatikan

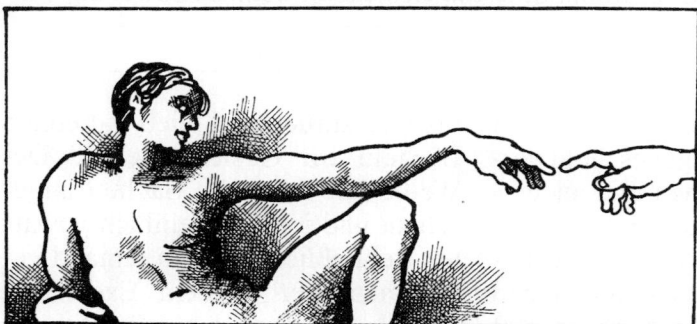

Karikatur von Plantu

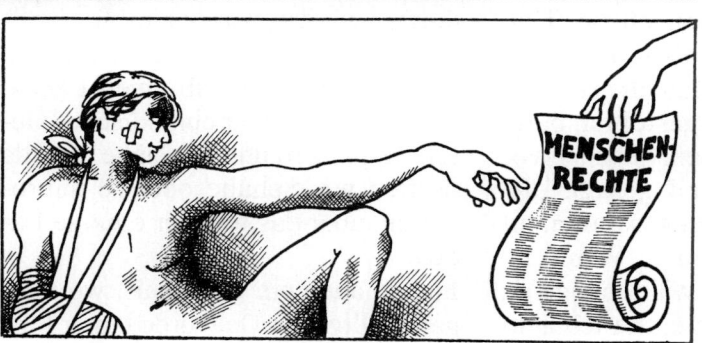

- Überprüft den Inhalt der Erzählungen nach den angeführten Artikeln der Menschenrechte.
- Vergleicht das Fresko Michelangelos mit der Karikatur.
- Überlegt, welche Aussage Plantu, ein bekannter französischer Karikaturist, mit seiner Bildfolge machen wollte.

Leons Geschichte

Leon Walter Tillage wurde am 19. Jänner 1936 als Zweitältester in North Carolina geboren. Er wuchs mit acht Geschwistern in einem kleinen Ort in der Nähe von Raleigh auf. In seiner Kindheit gab es für Weiße und Schwarze (wenn sie nicht arbeiten mussten) noch getrennte Schulen. Für Weiße fuhr ein Schulbus, die Schwarzen mussten viele Meilen zu Fuß gehen.
Seit mehr als dreißig Jahren lebt Leon Walter Tillage als Schulwart in Baltimore.
Für die Autorin Susan L. Roth hat er die Geschichte seines Lebens auf Tonband gesprochen.

Leon Walter Tillage

Als ich etwa sechzehn war, bin ich los und habe mein eigenes Geld verdient, habe auf Farmen und anderswo gearbeitet, und so konnte ich mir selber die Kleider für die Schule kaufen. Ich habe den halben Sonnabend gearbeitet. Dann wurde ich bezahlt und als Erstes habe ich mir Hosen oder Schuhe oder so was gekauft, aber natürlich nicht immer. Viel Geld war es nicht, was ich verdient habe, aber man konnte schon für weniger als zwei Dollar Hosen bekommen.
Zum Einkaufen sind wir nach Raleigh in einen großen Laden gegangen. Und wie üblich mussten wir durch die Hintertür reingehen, wo „Farbige" stand. Wenn ich eine Hose sah, die mir gefiel, dann stellte ich mich dahin und schaute die Hose an, und sobald ein Angestellter bereit war, mich zu bedienen, habe ich vorsichtig gelächelt und gesagt: „Ich würde gerne diese Hose kaufen, bitte, Sir oder Ma'am". Wenn ein weißer Kunde kam, während ich auf den Verkäufer wartete, trat ich automatisch zurück und blieb mit einem Lächeln im Gesicht stehen. Der Weiße hat dann die Sachen angeschaut und ich habe einfach gewartet. Schließlich ist dann jemand gekommen, der in dem Laden arbeitete, und der hat den Weißen gefragt: „Stört er Sie? Macht es Ihnen was aus, dass der da steht? Oder soll ich ihn rausschmeißen?" Wenn der Weiße freundlich war, dann sagte er: „Nein, der stört mich nicht, schon gut." Aber wenn er sagte: „Ich will nicht, dass der mich beobachtet", dann hat der Verkäufer automatisch zu mir gesagt, ich soll den Laden verlassen. So war das. Anprobieren durften wir das, was wir kaufen wollten, nicht. Meistens wussten wir ja unsere Größe. Es gab einen Laden, da ging das. Es war ein jüdisches Geschäft, ganz in unserer Nähe, und da durften wir Schuhe oder so anprobieren, aber das war der einzige Laden.
Es gab auch ein Kaufhaus, wo alles ganz billig war. Da wurde lauter Flit-

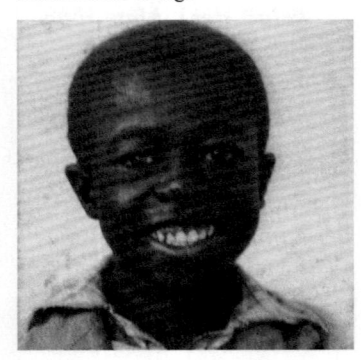

terkram verkauft, wie Ohrringe für Frauen, Gürtel für Männer, Krawattennadeln und so was. Vor allem aber gab es dort eine lange *Theke,* die von einem Ende des Ladens bis zum anderen reichte, und da konnten sich die Weißen hinsetzen und essen, und das Ganze war mit einem Seil abgetrennt, an dem kleine Schilder hingen, und auf denen stand: „Nur für Weiße". Wir verstanden nicht, wozu das gut sein sollte, denn kein schwarzer Mensch hätte es je gewagt, sich auf einen der Barhocker zu setzen, im Leben nicht. Aber wenn es draußen heiß war, dann schlenderte ich an dem Seil entlang und blickte einen jungen Mann an, der etwa in meinem Alter war. Den lächelte ich an, und wenn er meinen Blick erwiderte und zurücklächelte, dann flüsterte ich ihm zu: „Kaufen Sie mir eine *Brause?*" Er stand auf, stellte sich neben das Seil, ich gab ihm das Geld und dann brachte er mir die Brause. Ich bedankte mich und machte, dass ich so schnell wie möglich aus dem Laden kam, denn wenn man mich dort beim Brausetrinken erwischt hätte, dann wäre ich dran gewesen. Meine Mutter und andere hielten uns für verrückt, die haben einfach nicht verstanden, wieso wir versuchten, das System auszutricksen. Sie blieben auf ihrem Platz und deshalb kamen sie auch gut zurecht. Aber wir legten es darauf an, das System auszutricksen, für uns war das eine Mutprobe. Ich meine, natürlich konnte man sich überall eine Brause kaufen, draußen auf der Straße gab es Händler mit Karren, aber das war nicht dasselbe wie eine Brause, die man eigentlich nicht haben durfte. Die Brause schmeckte genau wie jede andere, wichtig war nur, wo sie herkam.

Damals gab es an der Straße, wo wir entlang mussten, Schnell-Imbisse, die wurden Tastee-Freez genannt. Wenn man da hinging, dann stand da „Nur für Weiße", ein Pfeil schickte „Farbige" zur Rückseite der Bude. Da war ein Fenster, das aufgemacht werden konnte. Wir konnten nicht einfach hingehen, ans Fenster klopfen und dem Mann zurufen, dass er uns bedienen soll oder so. Wir blieben einfach stehen. Der Mann würde einen schon sehen. Konnte sein, dass er gar nichts zu tun hatte, Zeitung las oder so. Aber wenn wir bedient werden wollten, mussten wir einfach stehen bleiben und warten, bis er so weit war und Lust hatte, nach hinten zu kommen. Wenn er mich bediente, fragte er als Erstes: „Was willst du?" Und wenn ich einen Hut aufhatte, dann nahm ich den ab und sagte mit einem reizenden Lächeln: „Ich möchte bitte ein Hot Dog, Sir." Aber bevor er das Hot Dog holen ging, musste ich erst mal das Geld auf das Fensterbrett legen, damit ich ihn beim Bezahlen nicht berührte. Dann nahm er das Geld, und wenn er Lust hatte, brachte er mir das Hot Dog. Wenn er keine Lust hatte, dann tat er das nicht. So war das damals.

Theke
Schanktisch
Brause
Kurzwort für Brausegetränk, Limonade

● *Wäre diese Geschichte in die Gegenwart übertragbar?*
● *Finde Gründe, die die Autorin dazu bewegt haben, Leons Geschichte zu veröffentlichen.*
● *Gegen welche Menschenrechte (S. 70) wurde in dieser Geschichte verstoßen?*

Zwei Rupien am Tag

Der indische Junge Ramsakar ist zwölf Jahre alt und berichtet über die harte Arbeit am Webstuhl. Er lebt in einem Dorf 60 Kilometer westlich von Varanasi (ehemals Benares), der heiligen Stadt der Indus.
Diese Gegend wird „Teppichgürtel" genannt, da bis zu 90 Prozent der indischen Teppiche hier vor allem in Heimarbeit erzeugt werden. Die Teppichmanufakturen liefern an die Webstuhlbesitzer, die meist auch Meisterweber sind, nur die gewünschten Muster und die Wolle. Weiterverarbeiter sind Männer, Frauen, aber vor allem Kinder, die zum Weben eingesetzt werden. Die fertigen Teppiche werden den Händlern gebracht und von diesen geprüft.
Ramsakar arbeitet seit drei Jahren in der Teppichproduktion.

Ramsakar bei seiner Arbeit

„Ich war acht Jahre alt, als ich begann, am Webstuhl zu arbeiten. Als meine älteste Schwester verheiratet wurde, musste mein Vater einen Kredit aufnehmen, um für die Mitgift aufkommen zu können. Da die Zinsen sehr hoch sind, ist unsere Familie seit damals verschuldet. Meine drei Brüder, meine andere Schwester und ich begannen nach und nach in der Teppichproduktion zu arbeiten. Früher musste ich von sieben Uhr morgens bis zum Sonnenuntergang arbeiten. Zu Mittag hatten wir eine Stunde Pause, in der wir den mitgebrachten Reis und Linsen aßen. Als Lohn für das Weben bekam ich nur zwei Rupien am Tag.

Vom Meisterweber wurde ich oft schlecht behandelt und sogar geschlagen, wenn ich Fehler beim Weben machte. Die Hütte, in der der Webstuhl stand, war aus Lehm gebaut, sehr klein und hatte keine Fenster. Es war gerade Platz für den Webstuhl. Der Meisterweber, ich und noch zwei Kinder saßen gedrängt vor dem Webstuhl auf dem Boden – mit dem Rücken zur Wand, im Türkensitz. Ich fühlte mich oft krank, hustete viel, hatte häufig Kopfweh und Schmerzen in den Fingern. Da nicht sehr viel Licht in die Hütte kam, taten uns auch oft die Augen weh."

Um die Schulden ihrer Eltern zu tilgen, sind die arbeitenden Kinder gezwungen, unter menschenunwürdigen Verhältnissen 12 bis 14 Stunden täglich zu arbeiten. Die Versorgung ist oft schlecht. Der Großteil dieser Kinder ist unterernährt, 90 Prozent haben Augenleiden und sind nachtblind. Verätzungen an den Fingern durch den Umgang mit Chemikalien, die zum Färben der Wolle verwendet werden, sowie Rücken- und Gelenksverkrümmungen sind ebenso vorherrschend. Atemwegserkrankungen, wie zum Beispiel Tuberkulose, sind keine Seltenheit. Die Kinder klagen über schlechte Behandlung, Schläge und andere harte Strafen. Um sie am „Davonlaufen" zu hindern, sind die Arbeitsstätten versperrt. Nach Fluchtversuchen sind Kinder mit folterähnlichen Methoden gequält worden. Die schlechten Arbeitsbedingungen sind nicht nur für Indien festzustellen: Nach Angaben einer in Pakistan arbeitenden Nichtregierungsorganisation (NGO) stirbt die Hälfte aller in der pakistanischen Teppichherstellung beschäftigten Kinder vor dem zwölften Lebensjahr.

Ramsakar wurde von einer Privatorganisation geholfen.

Wie hat sich nun für Ramsakar das Leben geändert?

„Seit einem Jahr gehe ich zur Schule, wo wir nicht nur Lesen und Schreiben, sondern auch ein Handwerk lernen. Die Schule zahlt mir im Monat 100 Rupien (ungefähr drei Euro), die ich meiner Familie nach Hause bringe. Wir brauchen das Geld, um zu überleben. Meine Eltern besitzen ein wenig Land und ein paar Stück Vieh. Aber das reicht nicht zum Leben. Es regnet hier selten, und die Ernten sind schlecht.

Ich gehe sehr gern zur Schule. Wir sind 50 Kinder in der Klasse. Wenn ich nach der Schule nach Hause komme, esse ich, ruhe mich aus, mache dann meine Hausaufgaben, füttere das Vieh und hole Wasser. Da fast alle unsere Eltern Analphabeten sind, bringen wir ihnen Lesen und Schreiben bei. Wir sind meist die ersten in unseren Familien, die die Schule besuchen. Wir erzählen zu Hause, was wir gelernt haben, auch über Gesundheit, Ernährung und Hygiene, und erklären alles unseren Eltern.

Viele unserer Freunde beneiden uns und möchten auch zur Schule gehen. Aber wir helfen ihnen. Wir sind nämlich organisiert. Wir machen *Kampagnen* in den Dörfern, berichten in unseren Liedern über die Ausbeutung und klären andere Kinder über ihre Rechte auf. In unseren Liedern schimpfen wir auch über die Teppichproduzenten und die Großgrundbesitzer.

Wir ziehen so von Dorf zu Dorf. Das hat die Schule *initiiert*. Wir wurden schon oft vertrieben, weggejagt und auch bedroht. Aber trotzdem: Ich möchte in der Schule bleiben, mehr lernen und später einmal für die armen Menschen hier arbeiten."

Kampagne
Geplante größere Unternehmung für einen bestimmten Zweck
initiieren
Etwas anregen, etwas beginnen

- *Wie könnten Menschen in den westlichen Industriestaaten durch ihr Kaufverhalten den Kampf gegen das Verbrechen der Kinderarbeit unterstützen?*
- *Sammelt Materialien zum Thema: Kinderarbeit heute und gestaltet eine Ausstellung.*
- *Informiere dich bei Organisationen, die gegen Kinderarbeit auftreten wie: Amnesty international, Unicef, Rotes Kreuz...*

Ali aus Kurdistan

*„Die Folter hat für immer aufgehört zu existieren" schrieb vor mehr als 100 Jahren der französische Schriftsteller Victor Hugo.
Leider wird auch heute, am Beginn des 21. Jahrhunderts, in vielen Staaten die Folter weiterhin angewendet, um politische Gegner oder die gesamte Bevölkerung einzuschüchtern und sie von politischen Aktivitäten abzuhalten. Durch die Folter soll ein Klima der Angst erzeugt werden.*

PKK
Abkürzung für Partîya Karkerên Kurdistan, „Arbeiterpartei Kurdistans"
Milizionär
Angehöriger einer Miliz
Miliz
Bürger-, Volksheer; in kommunistisch regierten Ländern Polizei mit halbmilitärischem Charakter

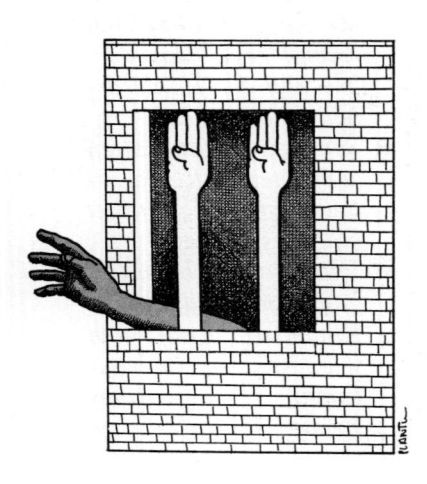

Ali war gerade 16 Jahre alt, als ihn türkische Soldaten von der Tankstelle seines Onkels mitnahmen und zehn Tage lang festhielten. Er habe der *PKK* geholfen, beschuldigten sie ihn und folterten ihn täglich. Sie schlugen ihn mit Fäusten und Stöcken auf den Kopf, den Rücken, in den Unterleib. Mit Elektroden an seinen Fingern, Zehen und an seinen Genitalien jagten sie Stromstöße durch seinen Körper, bis er bewusstlos wurde. Die Fußsohlen schlugen sie mit Stöcken wund, so dass er nicht mehr gehen konnte. Anfangs wehrte er sich noch. Dabei ging ein Teeglas kaputt. Einer der Folterer drückte ihm die Glasscherbe in die Hand, die Schnitte wurden von einem Militärarzt genäht. Als sie ihn wieder freiließen, brauchte er einige Wochen um sich körperlich zu erholen.

Ein Dreivierteljahr später kamen sie wieder. Er sei *Milizionär* der PKK, sagten sie. Er wurde diesmal acht Tage lang eingesperrt und wieder, schlimmer noch als das erste Mal, täglich gefoltert mit Schlägen, Stromstößen und mit der Falanga (Schläge mit Knüppeln auf die Fußsohlen). Nackt musste er sich ausziehen vor denen, die ihn verhöhnten und beschimpften, während sie ihn misshandelten. Stets waren seine Augen verbunden, er konnte seine Folterer nicht sehen.

Stundenlang musste er gefesselt auf einem nassen kalten Betonboden liegen. Nach den Folterungen wurde er in seine Zelle geschleppt. Als sie ihn wieder freiließen, musste sein Vater ihn mit dem Wagen abholen. Zu Hause legte man zur Linderung der Schmerzen und der Schwellungen rohes Fleisch und Brot auf die wunden Füße. Sobald er sich körperlich von den Folterungen erholt hatte, floh er mithilfe einer Schlepperorganisation nach Deutschland.

Sein Asylbegehren wurde vom Bundesamt für die Anerkennung ausländischer Flüchtlinge abgelehnt. Von seinem Rechtsanwalt, der Klage gegen die Ablehnung erhoben hatte, erhielt er den Rat ein ärztliches Attest über die Folterungen einzuholen. Ali selbst war es jedoch wichtiger, medizinisch behandelt zu werden.

Wir klärten in den ersten Gesprächen

seine Anliegen ab. Beim ersten Kontakt mit ihm wurde mir mit Erschrecken klar, dass Ali erst 17 Jahre alt war. Diesen jungen Mann mit dem ernsten, traurigen Gesichtsausdruck, der mich kaum einmal ansehen konnte, meist vor sich hin starrte, sich so gut wie nicht bewegte, irgendwie erstarrt schien, hatte ich auf Ende zwanzig geschätzt. Nur mühsam, mit immer wieder versagender, leiser Stimme, schilderte er seine große Angst davor, durch die Folter bleibend körperlich geschädigt zu sein. Denn er könne ohne Schmerzen nicht mehr gehen, könne keinen Sport mehr treiben, sich nicht belasten. Auch könne er nicht mehr richtig denken, habe seine Gedanken nicht mehr unter Kontrolle, könne sich nicht mehr konzentrieren. Erinnerungsbruchstücke, Szenen der Folter drängen sich auf, in seinem Kopf habe die Sorge um seine Familie, die im Heimatland zurückgeblieben ist, die Eltern, die acht jüngeren Geschwister, Platz ergriffen. All das wälze er hin und her, er könne sich mit nichts ablenken. Dann könne er nicht schlafen oder er wache nach schrecklichen Alpträumen schweißgebadet und voller Angst auf. Es sei ihm dann, als befände er sich wieder in der Gewalt der Soldaten, als erlebe er alles erneut. Er sei erschöpft, daneben voller innerer Unruhe. Er sei ganz anders geworden. Früher sei er stark, mutig und voller Energie gewesen, nach der Folter fühle er sich wie ein Wrack, ohne Kraft.

Wir erstellten mit ihm eine Dokumentation über die erlebten Folterungen und eine ärztliche Stellungnahme über die folterbedingten Beschwerden.

Ali ist mittlerweile als asylberechtigt anerkannt. Mit seiner Psychotherapeutin arbeitet er an einer neuen Lebensperspektive für sich im *Exil*. In diesem Leben soll auch Platz und Raum sein für seine Heimat und Familie, die er zurückgelassen hat, für seine Trauer und seinen Schmerz.

Er hat sich in einer Schule angemeldet, will eine Ausbildung machen und manchmal lacht er auch wieder.

Exil
Außerhalb des Vaterlandes/in der Verbannung leben müssen

- *Mit welcher Begründung wurde die Folter früher (Mittelalter/Neuzeit) vertreten bzw. abgelehnt? Wie ist das heute?*
- *Auch heute wird in vielen Staaten gefoltert. Wie könnte sich die Weltöffentlichkeit dagegen wehren?*

Lesetipps

Ebersbach, V., Gajus und die Gladiatoren, Arena, Würzburg 1987.
Gajus, der seinen Bruder in Rom sucht, findet diesen als Gladiator in der Arena.

Naef Thomas, N., Der Schreiber des Pharao, Zürich – München 1989.
Geschichte eines Fischerjungen, der Schreiber wird und später als Sklave in einem Bergwerk und auf der Flucht viele Abenteuer erlebt.

Wiesner, Heinrich, Jaromir in einer mittelalterlichen Stadt, Zytglogge, Bern 2000.
Wiesner, Heinrich, Jaromir bei den Rittern, Zytglogge, Bern 1999.
Jaromir macht sich wieder auf die Reise durch die Zeiten. Einmal landet er direkt vor den Toren einer mittelalterlichen Stadt im Jahr der großen Pest, das andere Mal bei Rittern auf einer Burg.

Reiche, Dietlof, Die Bleisiegelfälscher, Gulliver Taschenbuch 781, Beltz, Weinheim 1998.
Georg Kratzer, ein Lodenhersteller, versucht dunkle Machenschaften in seiner Zunft aufzudecken, wird verhaftet und muss sich nun vor Gericht verantworten . . .

Andersen, Leif Espen, Hexenfieber, dtv-junior, München 1979.
Espen, dessen Mutter als Hexe verbrannt wurde, flieht aus seiner Heimatstadt und wird von einem Einsiedler aufgenommen. Diesem erzählt der Bub seine schrecklichen Erlebnisse, z. B. den typischen Ablauf eines Hexenprozesses . . .

Hermanndörfer, Elke, Lina Kasunke, Union, 1987.
Lina, Tochter eines Webers, kommt aus Schlesien nach Berlin, arbeitet dort als Dienstmädchen und wird Mitte des 19. Jh. zu einer Kämpferin für die Menschenrechte.

Stingl, Miroslav, Der Freiheitskampf des Roten Mannes, Arena, Würzburg 1976.
Spannend werden in diesem Buch das Leben und die Kämpfe der nordamerikanischen Indianer seit der Besiedlung durch die Weißen geschildert.

Mann, Peggy/Siegal, V. W., Der Mann, der seine Freiheit kaufte, Ueberreuter, Wien 1978.
Eine wahre Geschichte von Pater Still, einem Mann, der schon als Kind von Sklavenhändlern aus seiner elterlichen Hütte entführt und in den Südstaaten als Sklave verkauft wurde.

Ross, Carlo, Im Vorhof der Hölle, dtv-junior 78055, München 1997.
1942 wird der 14-jährige David nach Theresienstadt gebracht. Dieses Konzentrationslager wird von den Häftlingen „Vorhof der Hölle" genannt. Er hat nur ein Ziel: Er will überleben . . .

Cardoso, Luiz Claudio, Der Tag, an dem sie Vater holten, Beltz, Weinheim 1999.
Tulinho erlebt, wie fremde Männer seinen Vater, seine Mutter und die ältere Schwester mitnehmen. Die beiden Frauen kommen wieder, sein Vater bleibt verschwunden. Diese brasilianische Geschichte, die sich in jeder Militärdiktatur so abspielen könnte, wendet sich gegen Gewalt und Unrecht.

Brezlanovits, Carola, Kinder-Ansichten, Lamuv Taschenbuch 154, Göttingen 1994.
Wie Kinder unter schwierigsten Bedingungen leben, warum Kinder arbeiten, wie sie im Krieg spielen und denken, wovon sie träumen, darauf geben sie selbst Antwort.

Verwendete Literatur

Texte (gekürzt und vereinfacht):

Steuerbetrug in einem Dorf am Nil
Jander Eckhard, Geschichten zur Geschichte, Frankfurt/Main 1999, S. 58, Sorgten Krokodile für Gerechtigkeit?

Nach dem Gesetz des Hammurabi
Sachinformation: GmPf. 3/90, S. 15.
Parigger, Harald, Geschichte erzählt, Frankfurt/Main 1994, S. 37.

Scherbengericht und Sieg der Demokratie
Zierer Otto, 4000 Jahre erzählte Geschichte, Würzburg 1987, S. 42 – 45.

Das Erbe Senator Samptorius'
Grünauer Karl-Hans, Geschichten aus der Geschichte, Bd. 1 Urzeit und Altertum, Puchheim 1995, S. 44.

Nachbarstreit in der Dorfgemeinschaft
1. Teil: Entdeckungsreisen 2, öbv-hpt, Wien 1994, S. 107.
2. Teil: Geschichte mit Pfiff 10/96, S. 21.

Ein Mann wird verurteilt
Wiesner Heinrich, Jaromir in einer mittelalterlichen Stadt, Zytglogge, S. 40 – 45.

Redensarten aus dem Mittelalter
Geschichte für morgen 2, Hirschgraben Verlag, Frankfurt, S. 91

Ein Gottesurteil
Scott Walter, Ivanhoe, Berlin 1984, S. 280 – 282, in: Zeiträume 6, Klett, S. 149.

Das haltet Ihr nicht aus!
Reiche Dietlof, Der Bleisiegelfälscher, Gulliver Taschenbuch 781, Beltz, Weinheim 1998, S. 284 – 287, 289 – 290.

Eine Stimme gegen den Hexenwahn
Engelhardt Ingeborg, Hexen in der Stadt, dtv-junior 7196, Stuttgart 1999, S. 89 – 93.

„O Gott, es sind Teufel!"
Röhrig Tilman, In dreihundert Jahren vielleicht, Arena, Würzburg 1983, S. 31 – 35.

Zwei Worte verbreiteten die Trommeln: Folter und Tod
Scott O'Dell, Ich heiße nicht Angelika, dtv-junior, 70496, München 1996, S. 63 – 69.

Ein Mann sucht die Freiheit
Roeder-Knorr Herlinde, Zeiten und Menschen, Geschichtserzählungen, Schöningh-Schroedel, Paderborn o. J., S. 57 – 62.

Der Kaiser als Bauer
Kogoj Traude/Mitschka Konrad, A.E.I.O.U. und drin bist du, Ueberreuter, Wien, S. 80/81.

Ihr habt drei Wochen Zeit!
Smith Michael, Boston! Boston!, dtv-junior 70546, München 1999, S. 86 – 88.

Kindermarkt
Lang Othmar Franz, Hungerweg, Klopp, Berlin/München 1989, S. 108 –115, S. 21, S. 84.

Ideen können nicht erschossen werden
Honies Heinz, Ideen können nicht erschossen werden, Breitschopf

Wir streiken!
Geschichte mit Pfiff, 5/1998, S. 5 –7.

Ein Spinnrad zwingt ein Weltreich in die Knie
Bartos Burghard, Abenteuer Menschenrecht, Mahatma Gandhi, Ueberreuter, Wien 1989, S. 48 – 51.

Der Ball
Richter Hans Peter, Damals war es Friedrich, dtv-junior, München 1996, S. 42 – 45

Die wichtigsten Rechte der Kinder
Sachinformation: Stöckli Elisabeth, Ingpen Robert, Glückliche Kinder?, atlantis kinderbücher, Zürich 1992, S. 41.

Die Menschenrechte – zugesichert und doch auch heute immer wieder in Gefahr
Sachinformation: zitiert nach: Handreichung Geschichte/Sozialkunde, Thema Menschenrechte, BMUkA, Klagenfurt 1987, S. 3 –7.

Leons Geschichte
Tillage Leon Walter, Leons Geschichte, Beltz und Gelberg, Weinheim 1998, S. 45 – 50.

Zwei Rupien am Tag
Perschler Viktoria, Zwei Rupien am Tag, in: Brezlanovits Carola, (Hg.), Kinder-Ansichten, Lamuv-Taschenbuch 154, Göttingen 1994, S. 31 – 38.

Ali aus Kurdistan
Engelmann Reiner/Fiechtner Urs M. (Hg.), Frei und gleich geboren, Ein Menschenrechte-Lesebuch, Sauerländer, Frankfurt/Main 1998, S. 116 – 118.

Bildnachweis

3/ 1 öbv&hpt (Doris Hascher)
4/ 1 aus: ZVK 2, öbv&hpt, S. 96 (Bibliothèque Nationale, Paris)
4/ 2 aus: ZVK 2, öbv&hpt, S. 97 (Foto Votava, Wien)
5/ 1 aus: ZVK 2, öbv&hpt, S. 97 (amnesty international)
7/ 1 aus: Die Zeit der Ägypter und Griechen, Bertelsmann Lexikon Verlag, Gütersloh/ München 1992, S. 19 (Ètienne Souppart)
8/ 1 aus: Die Zeit der Ägypter und Griechen, Bertelsmann Lexikon Verlag, Gütersloh/ München 1992, S. 14 oben (Ètienne Souppart)
10/ 1 aus: Die Frühgeschichte der Menschheit, Bertelsmann Lexikon Verlag, Gütersloh/ München 1992, S. 54 rechts (Réunion des musées nationaux, Paris – Gallimard, Paris)
12/ 1 aus: Die Frühgeschichte der Menschheit, Bertelsmann Lexikon Verlag, Gütersloh/ München 1992, S. 54 oben (Réunion des musées nationaux, Paris – Gallimard, Paris)
14/ 1 aus: Pierre Miquel, So lebten sie im alten Griechenland, Tessloff Verlag, Nürnberg, 1982, S. 96 (Pierre Probst)
15/ 1 aus: Die griechische Zeitung, Kinderbuchverlag Luzern, Aarau 1998, S. 4 (Martin Brown)
17/ 1 aus: ZVK 1, öbv&hpt, S. 112 (Steve Becke)
19/ 1 aus: Entdeckungsreisen 2, öbv&hpt, Wien 1994, S. 106
21/ 1 aus: ZVK 1, öbv&hpt, S. 136
22/ 1 aus: Geschichte mit Pfiff 11/ 86, S. 36 (Simon)
25/ 1 aus: Geschichte lernen 11/ 89, S. 67 unten
27/ 1 aus: Geschichte lernen 11/ 89, S. 67 oben
28/ 1 aus: Die Zeit der Ritter und Burgen, Bertelsmann Lexikon Verlag, Gütersloh/ München 1993, S. 72/ 73
30/ 1 aus: Geschichte 5/2001, S. 19 (JMSV)
31/ 1 aus: Dietlof Reiche, Der Bleisiegelfälscher, Beltz&Gelberg, Weinheim u. Basel 1998, S. 423 (Stadtarchiv Nördlingen, Urfehdebuch 1609 – 1613, Fol. 37)
32/ 1 aus: Geschichte 5/2001, S. 43 (AKG, Berlin)
33/ 1 aus: Geschichte 5/2001, S. 51 (Stadt Regensburg)
34/ 1 aus: Geschichte 5/2001, S. 38 (A.A. & A. Coll.)
35/ 1 aus: Erinnern und Urteilen 8, Klett 1994, S. 8 oben links
36/ 1 BPK, Berlin
37/ 1 aus: Scott O'Dell, Ich heiße nicht Angelika, dtv, München 1989, S. 6/ 7 (neu gezeichnet von Doris Hascher, öbv&hpt)
38/ 1 aus: Scott O'Dell, Ich heiße nicht Angelika, dtv, München 1989, Titelbild (Tilman Michalski)
40/ 1 aus: Geschichte und Geschehen 9, Klett 1986, S. 89 links (Karl-F. Harig, Reinheim)
41/ 1 USIS, Bonn
42/ 1 aus: ZVK 2, öbv&hpt, S. 72 unten rechts
44/ 1 aus: ZVK 2, öbv&hpt, S. 72 oben (BPK, Berlin)

45/ 1 aus: Entdeckungsreisen 3, öbv&hpt, S. 58 (NÖ Landesmuseum, Wien)
46/ 1 aus: Hans Siwik, Zwölf wilde Gänse, Vlg. Herder, Freiburg i. Breisgau 1993, S. 40 (Foto: Hans Siwik)
47/ 1 aus: Harald Mante/Siggi Weidemann, Irland, Verlag Bucher, München u. Berlin 1991, S. 82 (Archiv Gerstenberg, Wietze)
49/ 1 aus: Othmar Franz Lang, Hungerweg, Erika Klopp Verlag, Berlin – München 1989, Titelbild (Jindra Capek)
50/ 1 aus: Othmar Franz Lang, Hungerweg, Erika Klopp Verlag, Berlin – München 1989, S. 37
51/ 1 aus: ZVK 2, öbv&hpt, S. 144 (Helmut Klapper, Bregenz)
53/ 1 aus: Felix Czeike, Wien, Verlag C.H. Beck, München 1984, S. 140 unten (Österreichische Nationalbibliothek, Wien)
56/ 1 aus: ZVK 2, öbv&hpt, S. 92 (Steve Becke)
57/ 1 aus: ZVK 2, öbv&hpt, S. 101 (Historisches Museum d. Stadt Wien)
58/ 1 aus: Geschichte mit Pfiff 5/ 98, S. 7 (AKG, Berlin)
60/ 1 AKG, Berlin
63/ 1 aus: Burghard Bartos, Abenteuer Menschenrecht, Verlag Carl Ueberreuter, Wien 1989, S. 39 (Erich Ballinger)
64/ 1 aus: Burghard Bartos, Abenteuer Menschenrecht, Verlag Carl Ueberreuter, Wien 1989, S. 50 (Erich Ballinger)
65/ 1 AKG, Berlin
67/ 1 aus: Bernhard Förth, Damals war es Friedrich, dtv junior, Titelbild
69/ 1 aus: Leah Levin, Menschenrechte, Löcker Verlag, Wien / München 1983, S. 68 (Plantu)
71/ 1 aus: Bilder, Bauten, Gebilde 1, öbv&hpt, Wien 1995, S. 91 (Fratelli Alinari, Florenz)
71/ 2 aus: Leah Levin, Menschenrechte, Löcker Verlag, Wien / München 1983, S. 89 (Plantu)
72/ 1 aus: Leon Walter Tillage, Leons Geschichte, Beltz & Gelberg, Weinheim & Basel 1998, Titelbild (L.W. Tillage)
74/ 1 aus: Kinder Ansichten, hg.v. Carola Brezlanovits, Lamuv Verlag, Göttingen 1994, S. 33
75/ 1 aus: Kinder Ansichten, hg.v. Carola Brezlanovits, Lamuv Verlag, Göttingen 1994, S. 31
76/ 1 aus: Leah Levin, Menschenrechte, Löcker Verlag, Wien / München 1983, S. 42 (Plantu)

Nicht in allen Fällen war es uns möglich den Rechteinhaber der Abbildungen ausfindig zu machen. Berechtigte Ansprüche werden selbstverständlich im Rahmen der üblichen Vereinbarungen abgegolten.